Verlag:
Das Goldene Tor
E-Mail: anfrage@das-goldene-tor.de
Web: www.das-goldene-tor.de
Stefans Seiten:
www.GottesLiebehilft.de
facebook.com/GottesLiebehilft

Deutsche Erstausgabe Dezember 2017
Satz, Umschlaggestaltung: Stefan Sicurella
Lektorat: Heike Sicurella, Anja Kernig, Christoph Hassel, Kerstin Peterson
ISBN Buch: 978-3-940930-11-8
ISBN eBook: 978-3-940930-12-5

ICH BIN

die Gegenwart Gottes in jedem Menschherzen

Band 2

Gott erwacht in deinem Herzen

Das Goldene Tor

Ich widme dieses Buch allen Suchenden
und hoffe, dass durch die
ICH BIN Gegenwart
Frieden in ihr Herz einkehrt.

Inhalt

Über den Autor 8

Dank 11

Einführung 14

Die Idee der Kontrolle 16

Ein einfaches Bild unserer Existenz 20

Aber da gibt es doch noch 23

Wiedergutmachung 29

Der Sinn des Lebens 33

Wer bin ich? 36

Die kosmischen Mentalitäten 42

Gott erwacht in deinem Herzen 44

ICH BIN im täglichen Leben 53

Fremdenergien 54

Deine Lebenssituation 59

Deine Ziele und Wünsche 70

Deine göttliche Lebensaufgabe 77

Innerer Frieden 81

Selbstheilung 86

Sterbebegleitung...................................... 109

Das große Schreckgespenst Krebs................. 112

Sterben von Kindern, Totgeburt, Fehlgeburt... 121

Die Karmapyramide.................................... 128

Das Geheimnis, wie Heilung funktioniert......... 135

Über den Autor

Vor ca. 13 Jahren begann mein Interesse an spirituellen Themen. Ich erinnere mich sehr gut daran, denn es begann mit der Geburt unseres 3. Kindes. Die Geburt war ein magischer Moment und ich bin mir heute ganz sicher, dass in dem Augenblick, als das Kind „herausgeflutscht“ ist, der Schleier zwischen der geistigen und der materiellen Welt sehr, sehr durchlässig war.
Es herrschte eine wunderbare Energie und der bewusste Blick der Seele meines Sohnes in meine Augen bewirkte eine Art Zündungsimpuls, der mich veranlasste, mich mehr und mehr mit spirituellen Themen zu befassen. Von da an wühlte ich mich durch die Esoterik und befasste mich mit fast allem, was es da so an Angeboten gab. Ich ging zu Meditationen, besuchte Seminare und las wirklich viele Bücher. Heute, rückblickend betrachtet, fügt sich das alles zusammen und es ergibt nun Sinn für mich.
Während dieser Jahre war das allerdings nicht so, ich stolperte von einem esoterischen Irrtum zum nächsten und empfand vieles zwischendurch als Sackgasse und Irrweg. Dabei habe ich auch viele schmerzhafte Erfahrungen gemacht und viele Enttäuschungen erlebt. Viel Wut, Zorn und auch Ver-

bitterung hatte sich während dieser Jahre in mir aufgebaut, das Meiste davon richtete sich gegen Gott. Wo war er, während ich diese unschönen Erfahrungen gemacht hatte?
Nun, er war bei mir und hat darauf gewartet, dass ich die wahren Zusammenhänge verstehe und mich ihm zuwende. Ihm, der in meinem Herzen geduldig auf mich gewartet hat, bis ich alle die Erfahrungen gemacht hatte, die nötig waren, um mir dessen bewusst zu werden.
Nachdem ich erkannt hatte, dass ich mich wegen dieser Irrtümer selbst verurteilte und die meiste Wut in mir gegen mich selbst gerichtet war, lernte ich mir selbst alles zu vergeben.
Dann konnte ich nach und nach meinen Frieden machen mit all den Erfahrungen, die ich benötigte auf dem Weg, Gott in meinem Herzen zu entdecken.
Das alles führte schließlich zu meinem ersten „ICH BIN - Buch“, in dem ich das Wissen um diese Gegenwart Gottes in uns mit meinen Worten in die Welt bringen durfte.
Seit dieser Zeit hat sich mein Leben verändert, ohne dass dies äußerlich groß zu bemerken wäre. Auch die Herausforderungen sind nicht weniger geworden, jedoch ist es meine Art und Weise, wie ich nun damit umgehe, die alles verändert hat. Ich kann heute (fast) alles, was auf mich zukommt, akzeptieren und wertfrei betrachten, bevor ich eine harmonische Lösung suche.

Rückblickend erkenne ich nun, wie ich mein ganzes Leben lang geführt wurde durch meine lieben Helfer auf der geistigen Ebene und letztendlich durch den ***Einen***, der immer bei uns ist und darauf wartet, dass wir ihn in uns erkennen und uns dann auf den Weg begeben, diesen ***Einen***, das *ICH BIN* in uns, zu erwecken.
Da du ja hier nun Band 2 in Händen hältst, hast du dich ja bereits auf diesen Weg begeben.

ICH BIN sehr froh darüber!

Dank

Oh, ich muss mich bei so vielen Menschen, dem *Einen* und den vielen Helfern aus der geistigen Ebene bedanken, dass ich gar nicht weiß, wie und wo ich anfangen soll.
Deshalb erst einmal ein großes allgemeines

DANKE!

Trotzdem habe ich das Bedürfnis, mich hier bei Einigen einzeln zu bedanken.
Es gibt Menschen, die man auf seinem Lebensweg trifft, aus den Augen verliert und die dann plötzlich wieder auftauchen, ganz überraschend, und die dann ein Geschenk dabei haben.
Manchmal erkenne ich es gleich, oft aber auch nicht, aber irgendwann erinnere ich mich und erkenne es. In solchen Momenten fühle ich Dankbarkeit. Und gerade jetzt fühle ich Dankbarkeit gegenüber meiner lieben Freundin Rem. Sie hat mich in ihr Herz geschlossen und immer wenn sie mich anruft, ist es zu einem Zeitpunkt, an dem ich auf irgendeine Art und Weise feststecke. Oh, sie spricht wirklich sehr viel, wirklich... Und sie fordert meine ganze Geduld, aber dann hat sie für mich einen Satz, eine Botschaft oder ein paar liebe Worte, und mein Problem löst sich in Luft auf. Ist das nicht verrückt? Danke liebe Rem!

Als ich in den gedanklichen Vorbereitungen zu diesem Buch war und ich mich total unwohl in meinem Ladengeschäft gefühlt habe, ist Kerstin wieder in meinem Leben aufgetaucht. Sie hat mir zum richtigen Zeitpunkt die nötigen Impulse gegeben, damit ich die Räume, in denen ich mich täglich aufhalte, auch nach den Bedürfnissen meiner Seele gestalte, und mich auf manches blockierendes Muster hingewiesen. Jetzt gehe ich mit Freude im Herzen in mein Büro im Ladengeschäft und erfreue mich an den wunderschön gestalteten Räumen.
Danke.

Mein Dank gilt auch meiner Ehefrau Heike, die mir den Rücken freihält und mir mit ihrer Intuition immer wieder den nötigen Impuls liefert, wenn ich mal wieder mit allem hadere. Auch meinen Kindern will ich danken. Sie zeigen mir täglich, wo ich noch an mir arbeiten darf.
Danke.

Ich weiß, er legt keinen Wert darauf, trotzdem will ich hier meinen Freund und Geistführer Meister Djwal Khul erwähnen. Die Liebe, die er mir sendet und die Dankbarkeit, die ich gerade jetzt für ihn empfinde ...
Danke!!!

Es hat sich gezeigt, dass mein Stiefopa Otto seit seinem Hinübergehen vor 40 Jahren die Aufgabe übernommen hat, mich zu leiten und schützen.

Danke Opa, das ist dir wirklich gut gelungen.
Auch mein Freund Jesus legt keinen Wert darauf, hier erwähnt zu werden. Ich fühle, wie er schützend und segnend seine Hände über mich und uns alle hält.
Danke!!!

Über all dem wacht der ***Eine***, der mit seiner unendlichen Liebe meinen Weg erleuchtet hat und bei jedem Schritt, den ich gehe, mit seiner Gegenwart, dem ***ICH BIN*** in meinem Herzen, bei mir ist.
Danke!!!

Einführung

Da dies Band 2 ist, gehe ich bei allem, was ich schreibe, davon aus, dass du Band 1 gelesen hast und zumindest ab und an die ***ICH BIN*** Affirmationen benutzt. Zumindest sollte dir das ***ICH BIN*** vertraut sein. Wenn nicht, lies bitte zuerst Band 1.
In diesem Band geht es nun hauptsächlich darum, tiefer einzutauchen in die ***ICH BIN Gegenwart*** und zu lernen, sie täglich in allen Lebensbereichen zum Herrscher zu machen.
Außerdem ist es nötig, die vielen Fehlinformationen, die über den einen Gott, die Seele, den Geist und die Astralebene verbreitet wurden und werden, zu berichtigen und diese aufzuklären.
Ein weiterer sehr wichtiger Aspekt sind die eigenen Glaubenssätze, Prägungen, Muster und Gewohnheiten. Die meisten Menschen unterschätzen deren Einflüsse auf ihr Leben, weil es für sie normal ist. Sie sind so aufgewachsen und haben oft große Schwierigkeiten, diese loszulassen und/oder durch höhere Wahrheiten zu ersetzen. Ich erlebe das sehr oft bei meiner Arbeit als Heilmedium.
Das Festhalten an alten, dem eigenen Wohlergehen abträglichen Prägungen und Glaubenssätzen ist meist die größte Hürde bei der eigenen Heilwerdung.
Wenn diese dann noch in Kombination mit schlicht falschen Annahmen und Aussagen über Gott und die geistige Welt kombiniert sind, dann ist es sehr schwer, einem Menschen bei seiner Heilwerdung zu

helfen. Es sei denn, dieser ist bereit, das Alte loszulassen und meinen Worten Glauben zu schenken. Ich hoffe und bete, dass es mir in den folgenden Kapiteln gelingen wird, aufzuzeigen, wie einfach und schön es sein kann, die Kontrolle abzugeben und die Herrschaft über das eigene Leben dem eigenen ***ICH BIN***, also der Gegenwart Gottes, in die Hände zu legen.

Die Idee der Kontrolle

Immer wieder erlebe ich, wie sich ein Mensch als getrennt von allem beschreibt: Hier bin ich, dort ist mein Ego, da gibt es noch Schattenanteile von mir, die sind auch irgendwo, dann ist da mein Geist und meine Seele, alles irgendwie verstreut. Wo und wie ist meist nicht so ganz klar zu benennen, aber auf jeden Fall getrennt von mir. Und Gott, der ist natürlich irgendwo da oben.

Dann gibt es etliche, teilweise stark unterschiedliche Beschreibungsversuche, die verdeutlichen sollen, wie der Mensch nun überhaupt in den Körper gekommen ist und wie das alles mit Gott und den Seelen funktioniert.

Es ist einfach ein befriedigendes Gefühl zu wissen, wie das alles funktioniert. Das Gefühl, Kontrolle zu haben, ist wirklich verlockend, beruhigend... zumindest für das Ego.

Diese Erklärungsmodelle, an denen ich jahrelang auch gebastelt habe, sind allesamt der Versuch des Menschen, Kontrolle zu haben, zu wissen, wie Gott und das Universum funktionieren. Jedoch, und da spreche ich aus eigener Erfahrung, alle diese Modelle stellen sich irgendwann als unzulänglich heraus. Irgendjemand schreibt dann wieder etwas Neues und das ganze Modell kommt ins Wanken. Wieder ist der spirituell Suchende genötigt, sein Modell umzukrempeln, damit es wieder passt und das Ego beruhigt wird.

Dabei bringen dich diese Modelle und Erklärungs-

versuche keinen Schritt weiter. Sie dienen dir lediglich als Mittel zum Zweck, das Gefühl der Kontrolle zu haben. Mir jedenfalls haben sie bei den Herausforderungen, die sich im Laufe meines Lebens aufgetan haben, nie geholfen.
Was nutzt es dir denn, vermeintlich zu wissen, wie Gott und die geistige Welt funktionieren, du dann aber beim geringsten Problem in Panik verfällst, zweifelst und die Lösungen im Außen suchst?
Es ist mir hier ein Bedürfnis, ein anderes Bild aufzuzeigen, um mit den vielen Fehlinformationen und irrigen Gottesbildern aufzuräumen, denn hier stolpern viele Menschen schon im Ansatz, weil sie Angst vor Gott oder seinen Helfern haben.
Früher glaubte ich, das läge hauptsächlich an der Erziehung und den Prägungen der Religionen. Mittlerweile stelle ich aber fest, dass viele Menschen Gott ins Abseits schieben, weil sie ihn nicht ergründen und keine Kontrolle über ihn haben können. Das scheint mir in unserer westlichen Gesellschaft derzeit ein großes Problem zu sein.
Dabei ist die Idee der Kontrolle die größte Illusion, die wir als Mensch haben können.
Denke an dein bisheriges Leben, alle Verstrickungen und Irrtümer die da zusammenkommen, alle Missqualifikationen von Energien, alle Blockaden und Probleme, die sich aus alledem ergeben haben, das ergibt schon eine gigantische Suppe. Stell dir das nun über viele Leben verflochten vor. Glaubst du wirklich, du könntest allein mit einzelnen Rückführungen, Aufstellungsarbeit, Ener-

gieaarbeit ganz allgemein und was es sonst noch gibt, Kontrolle erlangen über dein Leben und die Wirkungen aller deiner selbst gesetzten Ursachen, die noch darauf warten, aktiv zu werden? Das erscheint doch absurd oder?
Sicher ist es nicht verkehrt, mit diesen Methoden zu beginnen, aber ihnen fehlt der allumfassende Blick auf die Gesamtheit der gesetzten Ursachen. Ich will dir hier keine Angst einjagen. Es geht mir nur darum, dir zu zeigen, wie absurd es ist, zu glauben, du hättest irgendeine Kontrolle über dein Karma und seine Wirkungen in deinem Leben.
Warum also nicht die Kontrolle, die du sowieso nie hattest, abgeben? ***Einer*** hat die Kontrolle. ***Er*** weiß, was du brauchst. ***Er*** weiß, wer du bist. ***Er*** kennt dich besser als du selbst. Ich spreche von dem ***Einen***, der nicht zu ergründen ist, der ***Eine Vater-Mutter Gott***, der darauf wartet, dass du ihm die Kontrolle übergibst, damit er dich führen kann!

ICH BIN
die herrschende Gegenwart, die in der Vollkommenheit göttlicher Ordnung regiert und die gebietet, dass in meinem äußeren Selbst nur noch Glück, Harmonie, Freude und die Gegenwart der Fülle Gottes anwesend sind.

Nur wenn du anerkennst, dass der ***Eine*** die alleinige Herrschaft und Kontrolle inne hat und du dies bewusst verkündest, indem du täglich diese Affirmation sprichst, nur dann kannst du die Suppe, von der ich zuvor gesprochen habe, irgendwann bis zum Grunde auslöffeln.

Die Gegenwart Gottes in dir, die ***ICH BIN*** Gegenwart, ist immer in der Vollkommenheit. Da sie in dir ist, muss es auch möglich sein, dass dein äußeres Selbst, das, was du als Ich bezeichnest, diese Vollkommenheit in dein Leben ziehen kann. Das kann dir nur gelingen, indem du dich mit dem ***Einen***, seinen Helfern und mit den ***ICH BIN*** Affirmationen vertraut machst.

Ein einfaches Bild unserer Existenz

Da die allermeisten Menschen, mich eingeschlossen, ein Bild oder eine Idee von Gott und der geistigen Welt haben möchten, will ich hier ein einfaches Bild aufzeigen. Ich habe es nach und nach so von meiner ***ICH BIN*** Gegenwart erhalten. Eigentlich wollte ich mein Bild, das ich mir mühsam über Jahre aufgebaut hatte, bestätigen lassen und war dann verblüfft, wie vielen Irrtümern ich erlegen war. Erst spürte ich innere Widerstände, schließlich musste ich ein über 10 Jahre aufgebautes Bild in die Tonne werfen. Dann aber erkannte ich, wie einfach und klar alles ist.

Der ***Eine,*** der unergründlich ist, hat Milliarden von Monaden (Seelenfamilien, Gruppenseele oder auch Überseelen genannt) aus dem reinen Sein losgeschickt, um die Materie zu ergründen.

Aus den Monaden haben sich die einzelnen Seelen in den sichtbaren Geist verdichtet.

Jede einzelne Seele hat dann zwei identische Geistkörper erschaffen (die sog. Zwillingsseelen).

Je ein Geistkörper inkarniert dann in einen physischen Körper.

Die ***ICH BIN*** Gegenwart ist die einzelne Seele. Sie inkarniert NICHT selbst im Wortsinn, sondern ist mit einem Teil ihrer Selbst im Geistkörper verankert und somit auch im physischen Körper. Ihr Sitz ist unser Herzchakra.

Die Seele ist fest mit der Monade und diese mit dem ***Einen*** verbunden, sie ist also immer in der

Vollkommenheit göttlicher Ordnung.
Aussagen wie „Die Seele leidet“ oder „die Seele ist krank“ sind also Irrtümer. Es ist immer der Geistkörper, der dies empfindet. Die Seele spürt dies natürlich, aber sie speichert dies lediglich als Erfahrung ab, ohne die schmerzhafte Emotion. In der Vollkommenheit göttlicher Ordnung existiert nur Liebe!
Um das Bild unserer Existenz noch abzuschließen, fehlt noch das Hohe Selbst. Dies ist nicht von der ersten Inkarnation an vorhanden. Es entwickelt sich, je bewusster wir werden, über viele Inkarnationen hinweg. Es ist sozusagen der Teil unseres Geistes, der bereits bewusst geworden ist. Wenn bei einem Menschen ein Hohes Selbst vorhanden ist, dann hat er bereits das tierische Instiktverhalten abgelegt bzw. durch höheres Denken und Fühlen ersetzt. Es entsteht also ganz natürlich auf unserem Entwicklungsweg.
Das Hohe Selbst dient dann als Mittler zwischen dem inkarnierten Geist und der Seele. Es hilft, die Wünsche der Seele an den inkarnierten Geist zu übermitteln.
Umso weiter sich ein Mensch entwickelt, umso mehr Seele fließt in seinen Geist. Dieser Mensch wird mehr und mehr dem Ruf seiner Seele folgen und seinen Lebensweg nach dem höheren Sein ausrichten. Er wird die Materie beherrschen und nicht umgekehrt und schließlich, nach vielen weiteren Inkarnationen, wird er seinen Zyklus auf der Erde abschließen.

Der ***Eine*** Gott, der unergründlich ist, wacht über alledem. ***Er*** ist allmächtig und allwissend. ***Er*** liebt jeden einzelnen von uns, so wie ein perfekter Vater und eine perfekte Mutter. ***Er*** vereint alles in ***Sich***. Niemals richtet ***Er*** über uns, niemals beurteilt ***Er*** und nie, niemals bestraft ***Er*** uns.

Alles, was uns hier auf der Erde geschieht, haben wir selbst zu verantworten. Der ***Eine*** gibt uns den Willen, uns selbst zu entscheiden. Es liegt an jedem Einzelnen, das Beste aus sich und seinem Leben zu machen.
Gott ist in uns. Seine Gegenwart in unserem Herzen wartet darauf zu erwachen, aktiv zu werden durch unser Wort.

ICH BIN
die lenkende Gegenwart,
die heute alles vor mir bewegt
und für all mein Tun vollkommenen
Frieden und Wohlklang gebietet.

Damit gebe ich ganz klar kund, dass und wie ich mein Leben gestalten will.

Aber da gibt es doch noch ...

Ja, da gibt es doch noch andere Wesen. Gibt es auch die Astralebene mit ihren Sphären? Gibt es Dämonen, die Hölle, den Teufel?

Das sind die Themen, mit denen mich meine Klienten sehr oft konfrontieren. Auch hier sind wieder viele, schlicht falsche Informationen unterwegs. Diese machen vielen Menschen Angst, aber nur, weil die wahren Zusammenhänge nicht gekannt werden.

Die Astralebene ist ein rein geistiger Bereich, der zwischen den inkarnierten Menschen und dem reinen Sein liegt. Ihre Größe ist aus unserer Sicht unendlich. Man kann die Astralebene grob aufteilen in 7 niedere Bereiche, einen neutralen Bereich (Dämmerland) und 7 lichte Bereiche. Diese Bereiche werden allgemein als Sphären bezeichnet.

In diesen Sphären existiert alles, was wir uns seit Anbeginn unserer Inkarnationen auf der Erde erdacht haben. Da wir nicht fähig waren, nach dem physischen Ableben ins reine Sein zu wechseln, musste eine Ebene erschaffen werden, wo wir einerseits gemäß unserer Abstimmung nach dem Tod unseres Körpers eine Heimstatt finden konnten, andererseits einen Ort haben, wo wir uns zwischen unseren Inkarnationen erholen und weiterentwickeln können.

Jeder Mensch kommt gemäß seiner Abstimmung nach dem Sterben des physischen Körpers in eine der Sphären. Dort kann er sich erholen und erhält

durch die Hilfe vieler liebevoller Helfer die Möglichkeit, zu lernen und sich weiterzuentwickeln.
Die Astralebene existiert durch die Gedanken und Gefühle der Menschen. Sie würde aber im Chaos versinken, gäbe es nicht hohe Meister, die die Struktur und Funktionsweise mit ihren Gedanken aufrechterhalten. Man nennt sie die Mentoren der Sphären.
Die lichten Sphären sind wunderschön. Wenn der Geistkörper sich dort erholt hat und bereit ist für eine neue Inkarnation, wird dies von einem Meister mitgeteilt. Man findet sich dann alsbald wieder in einem menschlichen Körper, meist ohne das Wissen an den Aufenthalt in den Sphären. Als Meister bezeichne ich in diesem Zusammenhang Menschen, die in den lichten Sphären die 5. Ebene erreicht haben. Sie sind also schon lange unterwegs und haben sich für höhere Aufgaben qualifiziert. Diese sind jedoch nicht zu verwechseln mit den Aufgestiegenen Meistern und Meisterinnen, die ich in Band 1 beschrieben habe. Diese haben noch wesentlich weitreichendere Aufgaben übertragen bekommen.

Nach dem Tod ihres physischen Körpers erwachen alle die Menschen, die sich noch kein höheres Bewusstsein zu eigen gemacht haben in Dämmerland. Sie haben gelebt, ohne große missqualifizierte Ursachen gelegt zu haben, aber auch, ohne sich um das Wohl des Nächsten zu bemühen. Sie haben sich hauptsächlich um sich selbst gekümmert. Nun lernen sie durch viele Helfer, wie sie sich weiterentwickeln können, um in die lichten Sphären gelangen können. Dafür gibt es in den Sphären nur die Möglichkeit zum Dienst am Nächsten.

In den dunklen Sphären finden alle diejenigen Menschen ein geistiges Zuhause, die in ihrer Verkörperung die göttlichen Gesetze grob missachtet haben. Dort leben Menschen (in ihren Geistkörpern), die man durchaus als Dämonen und Teufel bezeichnen könnte. Sie leben in ihrer eigenen Hölle. Sie haben sich diese selbst erschaffen durch ihre Handlungen auf der Erde. Auch zu ihnen kommen immer wieder lichtvolle Helfer, um denjenigen, die dazu bereit sind, zu helfen, damit auch sie irgendwann in eine lichte Sphäre eintreten können. Dazu muss in ihnen der Wunsch erwachen, alles wiedergutzumachen, so lange, bis sie alle ihre Irrtümer ausgeglichen haben. Nur dadurch können sie die nächst höhere Sphäre betreten. Erst wenn sie die 1. lichtvolle Sphäre erreicht haben, können sie wieder auf der Erde in einem Körper inkarnieren. Das ganze System ist perfekt und dient dem Zweck, zu lernen, sich weiterzuentwickeln und bewusst zu werden. Auch auf der Erde geht das nur über den Dienst für Andere, in welcher Art auch immer.

Fast alle geistigen Erscheinungen, die bis in unseren sichtbaren Bereich auf der Erde reichen, sind astrale Erscheinungen. Es gibt keinen Grund, sich

davor zu fürchten. Es gibt auf der Erde Plätze, an denen der trennende Schleier zwischen den Ebenen durchlässiger ist als anderswo. Dort können dann feinfühlige oder hellsichtige Menschen alles Mögliche wahrnehmen, bis hin zu der Kontaktaufnahme mit Geistern (Menschen oder Tiere in ihren Geistkörpern), die derzeit in der astralen Ebene wohnen.
Ich will das Thema hier nicht weiter vertiefen, dazu könnte man ein eigenes Buch schreiben. Ich rate hier jedem Menschen, der solche Erscheinungen hat, folgende Affirmation zu sprechen.

ICH BIN
die Gegenwart Gottes, die diese Situation beherrscht und alle nötigen Helfer sendet, um hier eine harmonische Lösung herbeizuführen.

Abschließend zum Thema Astralebene möchte ich vor allen sogenannten Astralreisen oder Meditationen in die Astralebene warnen. Wie ich schon zuvor schrieb ist diese Ebene quasi unendlich, dort tummeln sich Geistkörper, denen wir lieber nicht begegnen möchten. Wenn wir uns nun willentlich dorthin begeben, dann holt uns unser Karma ein. Mit höchster Wahrscheinlichkeit sind dort Geistkörper, die nicht gut auf uns zu sprechen sind bzw. mit denen wir ungelöste Themen haben. Die Gefahr, dass Teile von uns dort bleiben oder wir gar besetzt werden, ist dann groß, ähnlich wie bei einem Vollrausch durch Drogen ist unser physischer Körper dann ungeschützt. Ein fremder Geistkörper kann dann einfach in unseren Körper schlüpfen. Da auch immer wieder Klienten zu mir kommen, die bereits mit diesem Thema schlechte Erfahrungen gemacht haben hier einige Affirmationen.

ICH BIN
mit allen meinen Anteilen voll und ganz im Hier und Jetzt in meinem Körper, fest verbunden mit Mutter Erde und angebunden an den Einen Gott!

Damit hole ich alle meine Anteile zu mir zurück, gleichgültig wo und wie sie verstreut waren. Gleichzeitig kräftige ich meine Erdung und meine Verbindung zu dem ***Einen***.
Wenn du das Gefühl hast, dass ein fremder Geistkörper an dir hängt, keine Panik bitte, das ist nicht ungewöhnlich und in den allermeisten Fällen leicht zu lösen. Wende dich in deiner Vorstellung dem fremden Geistkörper zu und sage:

Danke, ich segne dich, ich vergebe dir,
bitte vergib du auch mir!
Geliebte, allmächtige ICH BIN Gegenwart,
ich gebiete dir, sprich in meinem Namen
zu diesem Geist, sage ihm alles was nötig ist,
damit zwischen uns alle Themen gelöst sind
und nur noch Frieden zwischen uns herrscht.
Danke!

Wiederhole dies jedes Mal, wenn du das Gefühl hast, da ist etwas oder jemand, was nicht zur dir gehört. Erinnere dich daran, dass du alle Ursachen, die dazu geführt haben, dass ein Geistkörper sich an dich hängen kann, selbst erschaffen hast. Baue in dir ein verständnisvolles Gefühl auf und behalte deinen inneren Frieden bei, so gut es geht. Dadurch kannst du diese Problematik spielend lösen. Verinnerliche, dass der ***Eine*** Gott allmächtig ist. Wenn dir die passenden Affirmationen nicht einfallen wollen, rufe ihn an und bitte ihn um Hilfe!

Zurück zu den Sphären. Wenn wir also hier in unserem Körper auf der Erde ein Leben geführt haben, indem wir niemandem groben Schaden zugefügt, uns an die göttlichen Gesetze gehalten haben, dann gelangen wir nach dem Tod des Körpers in eine lichte Sphäre und erleben dort eine wunderschöne, spannende Zeit, bis zur nächsten Verkörperung. In den lichten Sphären sind wir automatisch geschützt vor den Wesen der dunklen Sphären. Die Grenzen der Sphären können nur von oben nach unten durchschritten werden, nicht umgekehrt.
Gleichgültig in welcher Sphäre wir ankommen, es geht immer um den Dienst am Nächsten, denen zu helfen, die noch nicht so weit gekommen sind.

Wiedergutmachung

Was aber, wenn dir nun bewusst wird, dass du einigen Menschen in der Vergangenheit geschadet hast? Mache es wieder gut!

ICH BIN
die Gegenwart, die sich bei ...
entschuldigt und um Vergebung bittet!
Ich sende dir Licht und Liebe, bis alle
Missklänge zwischen uns ganz und gar
aufgelöst sind!

Die drei Punkte dienen als Platzhalter für den entsprechenden Namen der Person, bei der du dich entschuldigen möchtest. Wiederhole dies so oft, bis du das Gefühl hast, dass es nun gut ist.
Wenn es sich um einen Menschen handelt, mit dem du öfters in Kontakt kommst, so empfehle ich dir, dich bei ihm persönlich zu entschuldigen. Ich denke hier besonders an Mitglieder der eigenen Familie, Arbeitskollegen oder Nachbarn. Die Affirmation ist schön und gut. Es hat aber eine ganz andere Qualität, wenn du einem Menschen im direkten Kontakt deine Entschuldigung übermittelst. So zeigst du dein erwachtes Bewusstsein und vor allem, du gibst deinem Gegenüber die Möglichkeit der Vergebung.
Das Entschuldigen ist die eine Seite, jedoch ist es genauso wichtig zu vergeben. Wer hat dir etwas angetan? Auf wen bist du wütend? Wo bist du

nachtragend? Wem hast du nicht vergeben? Wenn dir nach und nach Personen einfallen, bei denen das zutrifft, so reflektiere nochmal alles, was dazu geführt hat. Wenn es dir dann möglich ist, richte in deiner Vorstellung die folgenden Worte an diese Personen.

Danke, ich segne dich,
ich vergebe dir!
Bitte vergib auch du mir!

Versuche bei diesen Worten die Vergebung in deinem Herzen zu spüren. Du wirst sehen, wenn dir das gelungen ist, wird sich die Situation mit diesen Menschen positiv verändern. Vor allem aber belastet sie dich nicht mehr, denn auf jemanden Wut zu haben oder etwas nachzutragen belastet dich. Es handelt sich dabei um eine Menge missqualifizierter Energien, die in deinem Energiefeld dein Leben negativ beeinflussen. Reflektiere dein Leben und nutze deine ***ICH BIN*** Gegenwart, um diese Energien aufzulösen.

ICH BIN
die alles verzehrende Flamme, die alle heutigen
und vergangenen Irrtümer meines
äußeren Selbstes mit allen Ursachen und
Wirkungen und allem unerwünscht
Erschaffenem ganz und gar aufzehrt.

Diese Affirmation hilft dir, alle von dir erschaffenen

Missklänge, die sich ja als Energien in deinem Körper und deinem Gemüt befinden, aufzulösen. Viele Missklänge manifestieren sich irgendwann als Blockaden, Beschwerden und Krankheiten.

Überhaupt, und das muss ich hier ganz klar schreiben, wir alle, ausnahmslos, sind hier, um wiedergutzumachen.

Kein Mensch ist hier auf der Erde, der frei wäre von Irrtümern aus vergangenen Leben!

Deshalb ist es wichtig, dass du jeden Menschen, der in deinem Leben ist, segnest und ihn um Vergebung bittest. Das muss nicht persönlich sein, Hauptsache, du machst es in deiner Vorstellung.

Achte auf alle Menschen, die dir begegnen, besonders wenn dies im Zusammenhang mit einem Problem der Fall ist.

Beispielsweise der Mensch an der technischen Hotline, an der Reklamation oder von der Versicherung. Da es keine Zufälle gibt, wie du ja weißt, hast du mit jedem dieser Menschen eine Verbindung. Je nach Intensität dieser Begegnungen kannst du daraus direkte Rückschlüsse auf die Tiefe der Verstrickungen mit dieser Person ziehen. Sage dann gleich in Gedanken:

Danke, ich segne dich,
ich vergebe dir!
Bitte vergib auch du mir!

Wenn sich danach die Situation klärt, kannst du davon ausgehen, dass die Themen mit diesem

Menschen erlöst sind. Hast du jedoch immer wieder Kontakt und das Thema will sich nicht klären, dann musst du einen Schritt weiter gehen.

Geliebte allmächtige ICH BIN Gegenwart,
ich gebiete dir, sprich in meinem Namen,
alles was nötig ist, zu diesem Menschen,
damit sich alle Themen zwischen uns lösen
und zwischen uns nur noch Frieden herrscht!

Wie ich zuvor schon einmal erwähnt habe, es ist für uns kaum möglich herauszufinden, was denn nun alles letzten Endes zu den Verstrickungen geführt hat. Deshalb übergebe ich die Kontrolle an meine ***ICH BIN*** Gegenwart. Sie weiß es auf jeden Fall und ist spielend in der Lage, die Verstrickungen aufzulösen.

Wenn du unsicher bist, wann nun welche Affirmation nötig ist, sprich beide nacheinander, mache eine Gewohnheit daraus, und du wirst binnen kurzer Zeit viele karmische Verstrickungen erlösen und freier werden.

Denke immer daran, dass es um Wiedergutmachung geht. Dabei hilft es, freundlich und liebevoll mit ALLEN Menschen umzugehen und zwar möglichst immer und zu jeder Gelegenheit.

Wenn dir das größtenteils gelingt, führst du ein Leben im Sinne des ***Einen***.

Der Sinn des Lebens

Ein Leben im Sinne des ***Einen*** führen? Was hat ***Er*** denn im Sinn? Was ist denn überhaupt der Sinn des Lebens?
Abgesehen von den speziellen Lebensaufgaben des Einzelnen kann man den Sinn und den Zweck relativ kurz zusammenfassen.

Wir alle sind auf der Erde, um zu lernen und uns in einem Körper weiterzuentwickeln, immer bewusster zu werden und schließlich zu einem Mitschöpfer nach dem Willen des Einen zu werden.

Die Lebensaufgaben des Einzelnen sind so vielfältig wie es Menschen gibt. Sie sind auch abhängig vom Land und der Kultur, in dem der Mensch geboren wird. Niemand inkarniert im Urwald bei einem indigenen Volk mit der Lebensaufgabe, Maschinenbautechniker zu werden, um hier mal ein krasses Beispiel zu geben. Jeder Mensch inkarniert genau dort, wo es möglich ist, das, was für diese Inkarnation vorgesehen ist, auch umsetzen zu können. Sonst würde das Leben keinen Sinn ergeben.
Ich betone das hier nochmal ganz deutlich, es gibt dabei keine Fehler. Du bist genau dort inkarniert, wo es gut und richtig für dich ist, auch wenn dir die Gründe ein Rätsel aufgeben.
Auch hier mehren sich in letzter Zeit Fragen an

mich, bei denen sich mir die Nackenhaare zu Berge stellen und deren Ursprung in diversen esoterischen Veröffentlichen liegen.
Der ***Eine*** irrt sich nie. ***Er*** ist allmächtig und allgegenwärtig. ***Er*** ist immer bei dir, auch, als du zu diesen Eltern kamst und dort als Kind geboren wurdest. Es gibt dabei keine Irrtümer!

Aussagen wie: „Ich konnte mein Leben nicht leben, weil ich dort geboren wurde“ oder „Eigentlich sollte ich dort nicht geboren werden weil ...“ sind Unsinn. Sie werden meist als Ausrede benutzt, weil man mit dem eigenen Leben unzufrieden ist und die Schuld des vermeintlichen Scheiterns irgendjemand in die Schuhe schieben will.
Akzeptanz ist der erste Schritt, das eigene Leben in neue Bahnen zu lenken. Akzeptiere, dass du genau dort am richtigen Platz bist, wo du gerade bist. Erkenne, dass du der Schöpfer deiner eigenen Realität bist und lebe!
Das körperliche Leben kann so wunderschön sein, es gibt so viele wundervolle Möglichkeiten, die wir im Geistkörper nicht haben. Wir sind nicht auf der Erde, um ein Leben in Askese zu führen, das wäre absurd. Wir sind hier, um zu Leben und alle Facetten des Lebens auszukosten, natürlich ohne dabei anderen Wesen zu schaden!
Obwohl die meisten Menschen mir hierbei zustimmen, gelingt es doch nur wenigen, die Fesseln der Vergangenheit abzulegen und wirklich zu leben. Zu viele Wenn und Aber und schier unüberwindbare

Hindernisse stehen den meisten Menschen im Weg, an denen sie noch nicht vorbeikommen. Die Gründe sind auch hier meist, dass der Einzelne den Weg nicht erkennt. Er kann sich nicht vorstellen, wie das gehen soll. Wieder sind wir an dem Punkt, an dem du die Kontrolle abgeben musst. Willst du wirklich dein Leben ändern, verbessern, nach deinen Wünschen? Dann bleibt dir nur der Weg über die ***ICH BIN*** Gegenwart. Nur die Gegenwart Gottes in deinem Herzen kann dich durch dein Goldenes Tor führen - in eine neue Welt oder besser gesagt, in eine neue Realität.
In dieser neuen Realität bist du der Schöpfer deiner Realität und Gott erwacht in deinem Herzen.

Wer bin ich?

Dass Realität nichts Statisches, Unveränderbares ist und alles erst erdacht wurde, bevor es in die Materie kam, habe ich bereits in Band 1 beschrieben. Hier möchte ich nun noch einen Schritt weiter gehen.

Realität ist das, was du für real hältst. Dadurch hauchst du ihr quasi Leben ein. Umso mehr Energie du in etwas hineingibst, umso realer wird es für dich. Das Ganze verstärkt sich noch dadurch, dass andere Menschen ebenfalls Energie in die gleiche Sache geben. Das Ergebnis können wir täglich in den Nachrichten betrachten oder in der Tageszeitung nachlesen.

Für viele Menschen ist das die Realität. Sie haben das nie angezweifelt. Was die Tagesschau meldet muss real und stimmig sein. Erst langsam erkennen immer mehr Menschen, dass dies eben nicht so ist und auch die Nachrichten quasi gemacht werden, von Menschen, die bestimmen wollen, was die Masse für real halten soll.

Das sollte so weit klar sein, deshalb befassen wir uns nun mit der höchsten Realität.

Wir leben, weben und sind
in den Gedanken des Einen!

Diesen Satz habe ich zum ersten Mal in einem alten Buch gelesen, dass mein geistiger Lehrer in den 30er Jahren diktiert hat. Erst fand ich den Satz

einfach nur toll, ohne wirklich tiefer gehend darüber nachzudenken.
Dann, nach einiger Zeit hat dieser Satz in mir Unbehagen ausgelöst. Wenn wir nur in ***Seinen*** Gedanken existieren, dann muss alles, was wir für real halten, ebenfalls nur in ***Seinen*** Gedanken existieren.

Dialog mit Gott.

Aber, wer bin ich dann? Etwa ***nur*** ein Gedanke des ***Einen*** Gottes?

„Streiche das ***nur*** *und betrachte dich als gleichwertiger Mitschöpfer", sagt* ***Er****. Und weiter: „Jeder meiner Gedanken ist Teil von mir, also bist du auch Teil von mir. Es gibt da keine Grenze oder Trennung zwischen uns, das kannst du aber derzeit nicht voll begreifen, es dir aber gedanklich vorstellen.* ***ICH BIN*** *in dir und das ist ja nur logisch, denn du bist mein Gedanke. Alles, was du dir erdenkst, wird durch meine Kraft in der Materie sichtbar, sofern du lange genug an das Gleiche denkst oder es dir wünschst. Jeder Mensch ist bereits Mitschöpfer, ohne dass es ihm bewusst wäre, umso intensiver ein Ziel oder ein Wunsch verfolgt wird, umso schneller wird er in der Materie sichtbar."*

Wie lange bin ich denn schon dein Gedanke?

„Du warst es schon immer und wirst es ewig sein, aber auch dies kannst du nicht voll begreifen, dir

gefällt die Idee, denn es nimmt dir die Angst, irgendwann nicht mehr zu existieren."
Wie konnte es dann soweit kommen, dass wir uns bekriegen, Menschen verhungern und leiden?

„Ich habe meinen Gedanken erlaubt, selbständig zu handeln, frei zu entscheiden und sich so zu entwickeln, wie es für jeden Einzelnen möglich ist."

Waren sich denn diese Gedanken von Anfang an nicht bewusst, wer sie wirklich sind?

„Nein, so wie kleine Kinder sich nicht wirklich vorstellen können, wie es ist, erwachsen zu sein, aber gerne schon machen wollen, worauf sie Lust und Laune haben, ohne sich der Konsequenzen voll und ganz bewusst zu sein, genauso verhält es sich auch mit den Gedanken, aus denen der Mensch entstanden ist."

Du meinst also, jeder deiner Gedanken ist eine ***ICH BIN*** Gegenwart?

„Nein, in jedem dieser Gedanken ***BIN ICH****, zeige mich aber erst dann, wenn das individualisierte Wesen, z.B. der Mensch, nach mir sucht. Jeder Gedanke wird irgendwann zu einem individualisierten Wesen. Die Universen sind voll davon."*

Und was ist das Ziel dieser Geschichte, warum hast du diese Gedanken losgeschickt?

„Um mich zu erfahren! Ihr seid meine Arme, meine Hände, meine Augen und wenn ihr Liebe gebt, dann gebt ihr meine Liebe. Alle Erfahrungen, die ihr während eurer langen Reise macht, werden auf ewig erhalten bleiben. Wenn ihr in einem höheren Bewusstsein seid, könnt ihr darauf zurückblicken und euch alles wie in einem Film betrachten."

Und was kommt dann?

„Ihr macht weitere, neue, für euch derzeit unvorstellbare Erfahrungen. Das endet nie."

Was meinst du damit, sind wir ewig unterwegs und sammeln Erfahrungen?

„Ja, sicher. Die Universen breiten sich immer weiter aus, bieten unendlich Raum für alle individualisierten Gedanken."

Entschuldige bitte, aber ich verstehe es nicht. Ich dachte immer die Menschheit, hier auf der Erde, hätte ganz bestimmte Ziele, die es zu erreichen gilt und für die die Aufgestiegenen Meister und die Engel und viele weitere Helfer Tag und Nacht arbeiten.

„Ja, das ist auch so. Ziel ist es, das Reich Gottes auf Erden zu errichten. Wenn das erreicht ist, geht die ganze Menschheit in ein höheres Bewusstsein über, um dann in einer neuen Welt wieder an einem

großen Ziel zu arbeiten.“

Du sprichst jetzt von den kosmischen Mentalitäten?

„Ja, das tue ich. Wie du weist, seid ihr und alles, was du siehst, in der 3. kosmischen Mentalität. Wenn das große Ziel erreicht ist, gehen alle Menschen, die sich dafür qualifiziert haben, in die 4. kosmische Mentalität über. Einfacher ausgedrückt ist dies ein höherer Seinszustand.“

Und das geht dann so lange weiter, bis wir die 7. kosmische Mentalität gemeistert haben. Und was kommt dann?

„Du weißt schon, dass du hier gerade Milliarden von Jahren durchquerst. So lange wird es dauern, bis der letzte Mensch dieses Ziel erreichen wird. Danach geht es weiter, wie ich es schon zuvor gesagt hatte. Es geht ewig weiter. An dieser Stelle über das zu berichten, was nach der 7. kosmischen Mentalität kommt, wäre zu viel des Guten, deshalb belassen wir es dabei.“

Danke, mit deiner Hilfe wurde mir das nun alles viel klarer. Um das jedoch mit den Erklärungen unserer Existenz und Monade, Seele, usw. zusammenzubringen fehlen mir noch einige Bausteine. Kannst du mir das bitte noch erklären?

„Damit das Bild komplett wird und dies alles im

Zusammenhang betrachtet werden kann, macht das Sinn. Du und der Leser sollten jedoch wissen, dass die geistige Welt nicht so linear ist, wie die materielle Welt. Die Frage, ob das Huhn oder das Ei zuerst existierten, geht hier in ganz andere Höhen. Ich bitte euch, das so zu akzeptieren, wie ich es sage, auch wenn ihr denkt, es würde logische Fehler beinhalten. Das Ei kann hier durchaus vor, nach und gleichzeitig mit dem Huhn existieren.
Alles geschieht nach meiner Ordnung und gemäß dieser Ordnung habe ich für alle meine Gedanken Gruppen gebildet. Jeder dieser Gruppen hat bestimmte Vorlieben, die jeder einzelne Gedanke aus sich selbst heraus entwickelt hat. Diese Gruppen sind die Monaden. Die Monaden beinhalten also sowohl die individuellen Gedanken, als auch die Gruppenseele für alle diese Gedanken.
Jedem einzelnen Gedanken wurden dann zwei Geistkörper geschenkt. Womit wir wieder bei den Zwillingsseelen sind. Also zwei, die eine Seele, eine ***ICH BIN*** *Gegenwart haben."*

Vielen Dank, jetzt kann ich gedanklich alles miteinander in Zusammenhang bringen.

Die kosmischen Mentalitäten

Dieser Begriff wurde zuvor einige Male genannt, bisher aber noch nicht erklärt. Im Prinzip zeigen die kosmischen Mentalitäten uns auf, dass das Klassenzimmer Erde kosmisch gesehen sozusagen die 3. Klasse ist, die wir besuchen dürfen.
Wir können von hier aus die höheren Klassen nicht sehen, wissen aber, dass es insgesamt 7 kosmische Mentalitäten gibt, in denen es Inkarnationen gibt. Diese sind, je höher wir schauen, immer feinstofflicher und nicht mehr zu vergleichen mit unseren Inkarnationen hier in einem sehr festen, groben Körper. Bereits in der 4. kosmischen Mentalität haben die Menschen ein Bewusstsein erreicht, welches man sich nur schwer vorstellen kann. Sie sind kosmisch bewusst und erinnern sich an alle ihre vorherigen Inkarnationen und an ihren gesamten Entwicklungsweg. Sie haben ihre Lebensaufgabe von Geburt an voll im Bewusstsein und ihre Eltern und Lehrer kennen diese sehr genau. Jeder unterstützt jeden, damit die Lebensaufgabe erfüllt werden kann.
Kriege, Krankheiten, Leiden, Gier, Hass und Neid gibt es dort nicht. Was für ein wunderbarer Ansporn für uns, diesen Ort bzw. diese Bewusstsein zu erreichen und in diese Klasse wechseln zu dürfen!

Da dies schon Millionen von Menschen erreicht haben, ist es nur eine Frage der Zeit, bis wir alle

soweit kommen werden.
Viele von den Menschen in höheren Mentalitäten helfen uns hier auf der Erde, das ist oft sogar ihre Lebensaufgabe.
Wenn wir davon reden, dass ein Schutzengel uns vor etwas bewahrt hat, dann sind es oft unsere Freunde aus den höheren Mentalitäten gewesen, die uns Beistand geleistet haben.
So funktionieren alle Entwicklungsreiche. Die, die schon etwas weiter sind, helfen denen, die das noch erreichen wollen. Alles ist ein großes Dienen am Nächsten, dadurch wächst die Liebe Gottes im gesamten Universum. Allerdings scheint das hier auf der Erde noch nicht ganz angekommen zu sein.
Es ist wirklich an der Zeit, dass wir Gott in unserem Herzen erwecken.

Gott erwacht in deinem Herzen

Er hat es zuvor schon gesagt, wir müssen ihn in uns erwecken. Viele Menschen haben bereits tausende Inkarnationen des Lernens und Erfahrens erlebt, haben Gott bereits auf viele verschiedene Arten und Weisen gesucht und kennengelernt, bis sie bereit sind zu akzeptieren, dass seine Gegenwart, das ***ICH BIN*** auch im eignen Herzen darauf wartet, geweckt zu werden. Ein ganz bewusster Weg, die Gegenwart Gottes im eignen Herzen zu erwecken, sind die ***ICH BIN*** Affirmationen.

Affirmationen, ganz allgemein, dienen dazu, sich selbst bewusst zu werden, und zwar über genau das, was man in den Affirmationen spricht. Sie dienen auch dazu, Dinge in das eigene Leben zu ziehen, die bisher scheinbar nicht vorhanden sind. Sie können der Heilung dienen und auch zur Heilung für andere benutzt werden.

Die Wortbedeutung ist ***Bejahung einer Aussage***. Wird diese immer wieder wiederholt, ist es wie bei einer ***Autosuggestion***. Du wiederholst es so oft, bis du selbst daran glaubst. Denn nur, woran du glaubst, kann auch in der Materie erscheinen!

ICH BIN
die Gegenwart Gottes
in jedem Menschenherzen!

Damit behaupte ich, dass die Gegenwart Gottes in jedem Menschenherzen vorhanden ist und gleichzeitig,

dass ich es selbst bin.
Du bist Teil von ***Ihm***, es gibt keine Trennung, außer in deiner Vorstellung.
Indem du also diese Affirmationen sprichst, wird dir das immer bewusster. Erst wirst du es kaum bemerken, aber nach einiger Zeit wird diese Wahrheit immer mehr in dein äußeres Selbst durchdringen. Das Ergebnis davon ist ein innerer Friede, der über alle äußeren Umstände erhaben ist. Anders gesagt, nichts kann dich dann mehr aus der Bahn werfen.
Die Herausforderungen werden bleiben, vielleicht mit der Zeit feiner werden, aber du wirst sie erkennen und sie mit Gelassenheit meistern.
Bis dahin ist es unter Umständen ein weiter Weg, zumindest aus unserer menschlichen Sicht und je nachdem, wie du mit dem Thema Geduld im Reinen bist oder nicht.
Ich selbst stand in der letzten Zeit einige Male vor der Wand und habe meinen Kopf sanft dagegen geschlagen. Der Wand hat das nichts ausgemacht. Irgendwann erkannte ich, dass die Wand mein Ego darstellt, die zwischen mir und meiner ***ICH BIN*** Gegenwart steht. Plötzlich war mir klar, dass ich an genau der gleichen Stelle stand wie Arjuna in der Bhagavad Gita, als er mit dem Streitwagen zwischen den Heeren durchfährt und mit Krishna spricht. Auf der einen Seite stehen die alten, gut bekannten Verwandten und Freunde, stellvertretend für das eigene Ego, auf der anderen Seite die, für die es sich zu kämpfen lohnt, stellvertretend für

die Seele oder das ***ICH BIN***.
Ich habe das lange nicht verstanden, aber mein Geistführer wies mich darauf hin, dass es in dieser Geschichte genau darum geht. Der Rest der Bhagavad Gita dreht sich darum, dass Krishna versucht, Arjuna klarzumachen, wer der höchste Herr wirklich ist, damit er sich selbst erkennen kann.
Dieses, vielleicht älteste erhaltene Buch der Menschheit, erklärt den wahren Geist des ***Einen***, der Seele und des Ego. Irgendwie finde ich das ziemlich überwältigend.
Natürlich ist es schwer zu lesen und aus heutiger Sicht teilweise unverständlich. Man muss hier bedenken, dass dort nur mit einfachen Bildern gearbeitet wird, damit der einfachste Mensch die Essenz des ***Einen*** versteht.
Deshalb wurde sie in der Vergangenheit oft fehlgedeutet, auch deshalb, weil sie weit über dem Bewusstsein der Menschen der vergangenen Jahrhunderte steht und wahrscheinlich wäre mir die wahre Bedeutung auch nie aufgefallen, ohne den Hinweis meines Geistführers.
Das war jetzt keine Deutung der Bhagavad Gita, dazu bräuchte es ein eigenes dickes Buch, nein, einfach ein paar Gedanken dazu.

Es kommt also irgendwann der Moment, da musst du dich entscheiden zwischen Ego und ***ICH BIN***, also Seele. Das Ego drängt sich zwischen die ***ICH BIN*** Gegenwart und die Wünsche und Erkennt-

nisse deines Verstandes, der von dem ***ICH BIN*** inspiriert wird. Das Ego selbst ist das Bewusstsein des Geistkörpers, d.h. es kann nicht getötet oder beseitigt werden. Das Ego muss auf seinen Platz verwiesen werden und kann von dort aus lernen, ohne sich weiter in die Belange der Seele einzumischen. Wenn das gelingt, kann mehr Seele in deinen Geistkörper/Ego einfließen und es beginnt ein Prozess, der mit der Erleuchtung endet.
Auch hier bitte ich dich, keine Erwartungshaltung aufzubauen. Dieser Prozess kann sich unter Umständen über viele Inkarnationen hinziehen.

Jetzt aber zu den konkreten Schritten, wie das zu bewerkstelligen ist. Ich kann nur aus meiner Erfahrung berichten. In dieser Buchreihe beruht alles auf meinen eigenen Erfahrungen und Erkenntnissen.

ICH BIN
die herrschende Gegenwart, die in der Vollkommenheit göttlicher Ordnung regiert und die gebietet, dass in diesem Körper, in diesem Gemüt UND in diesem Ego, nur noch Glück, Harmonie, Freude und die Gegenwart der Fülle Gottes anwesend sind!

Du siehst, ich beziehe jetzt hier das Ego mit ein. Das ist der Schlüssel, um das Ego mit der Zeit an den Platz zu bekommen, wo es hingehört. Ich übergebe bewusst die Herrschaft über mein gesamtes äußeres Selbst an meine Seele und gebiete, was ich dort haben möchte. Natürlich kannst du diese Affirmation erweitern oder ändern, vielleicht möchtest du in deinem äußeren Leben Gesundheit oder Kinderreichtum, um nur zwei Beispiele zu nennen, dann erweitere diese Affirmation entsprechend.

ICH BIN
die alleinige Gegenwart
in meinem gesamten äußeren Selbst.

Mit dem ***gesamten äußeren Selbst*** bezeichne ich Körper, Gemüt und Ego/Geistkörper. Wenn das für dich klar ist, dann brauchst du bei zukünftigen Affirmationen diese nicht mehr einzeln aufzählen, es soll dir nur bewusst sein! Wichtig ist, dass du weißt, was du mit den Affirmationen bezwecken willst, was dein Ziel ist!
Die obige Affirmation ist wichtig, denn unter Umständen sind in deinem äußeren Selbst außer deinem eigenen Geistkörper noch andere Geistkörper, die einen Einfluss auf dich ausüben.
Das ist NICHT ungewöhnlich und braucht dich auch nicht zu ängstigen. Alle Menschen, mit nur ganz wenigen Ausnahmen, die zu Sitzungen zu mir kamen, hatten andere Geistkörper in oder an sich hängen, klassisch würde man sagen, sie hatten Besetzungen. Ich mag dieses Wort jedoch nicht, denn es ist so negativ behaftet und wird kaum neutral benutzt.
Diese Geister, die an einem Menschen hängen und ihn mehr oder weniger beeinflussen, tun dies

nicht aus reiner Böswilligkeit. Nein, du hast die Ursachen dafür gesetzt, entweder in einer anderen oder in dieser Inkarnation. Bitte bedenke dies immer wieder bei allem, was dir widerfährt! Du alleine bist verantwortlich für alles, was dir geschieht, für alle Wirkungen, die du erfährst!
Zurück zu der Affirmation.

ICH BIN
die alleinige Gegenwart
in meinem gesamten äußeren Selbst.

Indem du diese Affirmation sprichst, ziehst du den Inhalt dieser Aussage in dein Leben. Die ***ICH BIN*** Gegenwart wird alle nötigen Schritte einleiten, damit dies wahr wird. Umso regelmäßiger du diese Affirmation sprichst, umso schneller wird dies wahr werden.
Das ist ein ganz wichtiger Aspekt bei allen Affirmationen. Der Rhythmus ist sehr wichtig, also immer um die gleichen Zeiten jeden Tag erhöht die Geschwindigkeit, mit der das Gewünschte in deinem Leben erscheint.
Ausdauer und Disziplin sind ganz wichtige Verbündete, das kann ich dir aus eigener Erfahrung sagen. Oft lag ich morgens im Bett und hatte das GEFÜHL DER VERWEIGERUNG IN MIR. Dieses Gefühl hat mein Ego produziert, um mich aus meinem Rhythmus zu werfen. Mach dir bewusst, dass dein Ego unter Umständen versuchen wird, deine Bemühungen zu torpedieren, einfach deshalb, weil

es weiß, es wird seine Macht über dich verlieren, wenn du weiterhin an den Affirmationen festhältst. Das sollte dir ganz klar sein. Alle diese ***ICH BIN*** Affirmationen führen dazu, dass deine Seele, dein ***ICH BIN*** zur herrschenden Gegenwart in deinem Leben wird. Dabei wird das Ego zur Seite geschoben und zum lernenden Schüler degradiert. Es muss zuschauen und lernen, und das gefällt so manchem Ego überhaupt nicht.
Ich hatte das zuvor nicht für möglich gehalten, wie intensiv das Ego das eigene Voranschreiten bremsen kann, konnte das aber mehrfach die letzten Wochen bei mir selbst beobachten.
Ich affirmiere nun schon seit Jahren jeden Morgen beim Aufwachen, um die Mittagszeit und abends gemeinsam mit meiner Frau und den Kindern. Das Ganze dauert jeweils ca. 5 Minuten. Mit der Zeit kannst du alle Affirmationen, die du dir zusammengestellt hast, auswendig und das Ganze wird zu einem Ritual, auf das du nicht mehr verzichten möchtest.

Damit Gott in deinem Herzen erwachen kann, ist es sinnvoll, folgende Affirmation zu sprechen.

ICH BIN
die reiche Fülle Gottes,
jetzt in meinem Herzen und zu meiner Verfügung!

Die ***reiche Fülle Gottes***, ein immer wieder bemühter

Ausdruck, was bedeutet er denn eigentlich? Für mich beinhaltet dies alles, was der ***Eine*** für uns Menschen bereit hält. Vor allem aber auch die reine Liebe, die er uns gegenüber empfindet, die er allem Leben gegenüber empfindet. Diese reine Liebe ist ***Er*** und mit dieser Affirmation möchte ich diese Liebe in meinem Herzen spüren und sie zur meiner Verfügung haben, damit ich sie an die Menschen, denen ich begegne, strömen lassen kann.
Wenn du spürst, wie dein Herzchakra warm und weit wird, dann ist das ***Seine*** Liebe, die ***Er*** für dich empfindet.
Für mich ist diese Affirmation wie ein Schlüssel, um dies zu erreichen.

ICH BIN
die herrschende Gegenwart, die in Vollkommenheit göttlicher Ordnung regiert und die gebietet, dass in meinem gesamten äußeren Selbst nur noch Glück, Freude, Harmonie und die Gegenwart der Fülle Gottes anwesend sind.

Die Fülle Gottes soll mein gesamtes Leben fluten und immer anwesend sein.

Wie auch immer du dir deine täglichen Affirmationen zusammenstellst, bitte vergiss nicht, dass es wirklich Ausdauer und Disziplin braucht. Denn unter Umständen wird es Monate dauern, bis das Gewünschte in deinem Leben für dich sichtbar wird. Vertraue auf den ***Einen*** und seine vielen Helfer. Sie sind alle an deiner Seite und unterstützen dich, damit das Gewünschte in deinem Leben real wird.

ICH BIN im täglichen Leben

Mein äußeres Selbst ist sehr praktisch veranlagt. Ich fand es immer total nervig, wenn ich ein Buch gelesen habe, voll mit spirituellen Ideen und Weisheiten, aber wenn es um die praktische Umsetzung ging, waren meist nur Andeutungen zu erfahren. Auch in den ganz alten Büchern, die man nur noch gebraucht erwerben kann, waren oft die interessantesten Weisheiten zu finden. Jedoch bei der praktischen Umsetzung hüllten sie sich in Schweigen und Andeutungen. Oft waren selbst die Lehren noch in Sätze verpackt, über die man Wochen nachgrübeln konnte, ohne die Essenz wirklich zu verstehen.
Sicher bin ich genau zu diesen Büchern geführt worden, sie haben mich weitergebracht. Jedoch wusste ich immer, sollte ich mal ein Buch schreiben, dann wird es auch beschreiben, wie man all das Wissen praktisch umsetzt.
Das jedoch war nur möglich, indem ich es zuerst selbst in meinem Leben umsetzen durfte. Wie hätte ich sonst je darüber schreiben können?

Fremdenergien

Ein immer wiederkehrendes Thema bei Gesprächen oder Sitzungen mit anderen Menschen sind die Fremdenergien. Für viele feinfühlige Menschen ist ein Martyrium, einkaufen zu gehen oder sich generell in Menschenmengen aufzuhalten. Ein Bummel durch ein Shoppingcenter ist für sie die größte Herausforderung und danach brauchen sie Stunden, um sich davon zu erholen. Immer wieder werde ich nach Schutz-Affirmationen gefragt oder wie man diese Energien loswerden kann.

Das Problem ist jedoch ganz anders gelagert. Überall um uns herum sind fremde Energien, selbst in der eigenen Wohnung. Dort werden sie jedoch meist als vertraut oder gewohnt empfunden und stören nicht weiter. Verlasse ich jedoch meine Wohnung und gehe einkaufen, begebe ich mich in eine große Energiesuppe, eine gigantische Mischung aus Energien von anderen Menschen.

Viele Menschen fühlen sich geradezu angegriffen von diesen Energien, tatsächlich scheint das auch auf den ersten Blick so zu sein. Ich kann bei diesen Menschen fühlen, dass sie vollkommen eingewebt sind, nachdem sie sich in Menschenmengen aufgehalten haben. Auch bei mir war das früher so. Nach jedem Einkauf musste ich meditieren, um mich davon zu befreien. Irgendwann jedoch habe ich verstanden, was da wirklich geschieht.

Ich selbst habe diese Energien als fremd, niedrig schwingend, dunkel, böse oder feindlich angesehen. Mit dieser Schwingung bin ich durch die Welt gelaufen und logischerweise haben die Fremdenergien dann auch auf mich reagiert, denn ich habe sie innerlich angefeindet, angegriffen, abgelehnt und wollte sie loswerden.
Es sind zum Großteil unsere eigenen Gefühle gegenüber fremden, anderen Energien, die deren Reaktionen verursachen.
Also ist es erst einmal ganz wichtig, deine Einstellung zu verändern. Lass die Energien doch einfach so, wie sie sind! Sie sind einfach. Lege alle Bewertungen gegenüber Fremdenergien, Shoppingcentern, Kaufhäusern, Krankenhäusern usw. ab.

ICH BIN
die Gegenwart, die im Einklang
mit der Welt lebt und alle Wesen und
Energien bedingungslos annimmt
und ihr Sein akzeptiert!

Damit hast du den ersten Schritt getan, der dich von Fremdenergien befreit. Es ist das alte Problem der Menschheit, alles zu bewerten, in Schubladen zu stecken und sich selbst über andere zu erheben. „Es ist überheblich und selbstherrlich, so zu denken und zu handeln“, sagte mein Geistführer zu mir, als ich dieses Verhalten bei mir selbst aufdeckte und erkannte, dass ich die Ursache für die „Angriffe“ von Fremdenergien selbst erschaffen hatte.

Lass die Welt so, wie sie ist. Beobachte, erkenne, aber bewerte nicht mehr. Alles darf sein, so lange es Menschen gibt, die das so brauchen.
Kümmere dich ausschließlich um deine Energien, die du aussendest. Nur für diese bist du verantwortlich. Sende doch Liebe aus, wenn du das nächste mal einkaufen gehst. Du wirst sehen, es wird dir viel weniger ausmachen als zuvor. Sprich obige Affirmation und spaziere dann lächelnd durch deine nächstgelegene Shoppingmeile.
Da jedoch in deinem gesamten Feld noch viele alte Resonanzen und Glaubenssätze hängen, gebe ich dir noch zwei weitere Affirmationen, die dich schützen.

ICH BIN
unüberwindlich geschützt gegen jede
unvollkommene Einwirkung.

Unvollkommene Einwirkungen können auch Klänge, Bilder und Filme sein, die auf dich einwirken. Diese Einwirkungen sollte man nicht unterschätzen. Denke nur mal an den letzten spannenden Film, den du angeschaut hast. Wie lange hat er dich beschäftigt? Wie oft tauchten Bilder und Szenen in deinem Verstand auf, von Inhalten, die du noch nicht verarbeitet hast? Werden dir solche Einwirkungen bewusst, dann hilft diese Affirmation, um dich von deinem angehäuften mentalen Müll zu befreien.

ICH BIN die mächtige, alles verzehrende Flamme, die alles, was auch nur den geringsten Missklang enthält, mit Ursache und Wirkung ganz und gar aufzehrt.

Diese Affirmation befreit dich auch von Fremdenergien, gleichgültig, wie diese nun zu dir gekommen sind. Wir alle sind als Mensch nicht vollkommen. Deshalb ist es auch harte Arbeit, frei von Bewertungen und Beurteilungen durch die Welt zu gehen. Umso mehr dir das gelingt, umso mehr wird sich die Umwelt dir gegenüber anders darstellen. Irgendwann brauchst du diese Schutz-Affirmationen nicht mehr, denn dann ist es voll und ganz in deinem Bewusstsein, dass du durch das ***ICH BIN*** vollkommen geschützt bist. Bis es soweit ist noch eine weitere Affirmation zum Schutz.

ICH BIN
der mächtige, unüberwindliche Schutzkreis, um mich und alle meine Angelegenheiten, der alles zurückweist, was auch nur den geringsten Missklang enthält und der jeden abweist, der mir nicht guttut!

Damit ziehst du die Gegenwart Gottes in dein Leben, so wie bei allen ***ICH BIN*** Affirmationen. Gott selbst wird daraufhin in Aktion treten und diesen Schutzkreis aufbauen. Umso mehr du darauf vertraust, umso stärker und umso länger wird dieser Schutzkreis aktiv bleiben.

Lässt du es jedoch zu, dass Zweifel aufkommen, dass du dein Vertrauen verlierst, dann wird er zusammenbrechen wie ein Kartenhaus. Gerade in schwierigen Situationen, wenn Zweifel an einem nagen, verliert man oft auch das Vertrauen. Dann fragt man sich, ob Gott tatsächlich für einen da ist, und ob man ihn mit ***ICH BIN*** Affirmationen tatsächlich in das eigene Leben integrieren kann.
Dazu gesellt sich dann entweder eine Opferhaltung oder aber eine Trotzreaktion.
Wie auch immer das bei dir aussieht, wenn du es bemerkst, stelle es ab und affirmiere am besten 3 Mal:

ICH BIN
die alleinige Intelligenz
und Gegenwart, die handelt!

Es gibt nur die ICH BIN Gegenwart,
Intelligenz, Licht und Kraft, die handelt!

Mit diesem Doppelpack holst du dich zurück ins Licht, zu Glaube und Vertrauen.

Alles, von dem du denkst, es könnte dich runterziehen, behindern oder stören, ist nur Illusionen der äußeren Erscheinungswelt. Spürst du eine solche Illusion aufsteigen, affirmiere sofort die passenden Affirmationen, am besten dann immer 3 Mal hintereinander und fühle dabei in dein Herz.

Deine Lebenssituation

Viele Menschen, die einen spirituellen Weg eingeschlagen haben, hadern mit ihrer aktuellen Lebenssituation. Sie fühlen sich oft fehl am Platz, zu Hause, im Beruf oder zusammen mit den alten Freunden und Verwandten.

Manchmal ist der Wunsch, anderen Menschen von dem eigenen neuen Weg zu berichten groß. Manchmal mischt sich dabei auch der Wunsch ein, die alten Freunde in die eigene, neue Welt zu integrieren.

Meist schlägt das fehl und man erreicht das Gegenteil, nämlich dass man abgelehnt wird von den einst vertrauten Menschen. Sie verstehen dich nicht mehr und beginnen dich zu meiden.

Dann fühlst du dich auf den Familienfeiern nicht mehr wohl. Du spürst, dass sich da eine Kluft öffnet, die immer breiter wird, zwischen dir und den anderen Menschen.

Was tun?

Es ist ganz ähnlich wie mit den Fremdenergien, die du ablehnst und nicht akzeptierst. Die Kluft, die du spürst, baust du selbst auf. Natürlich denken diese Menschen um dich herum nun anders als du selbst, sehen die Welt mit anderen Augen, jedoch bauen sie die Kluft nicht auf. Du verlässt ihre Realität, das ist auch gut so, denn dein Weltbild hat sich bereits geändert und wird sich weiter ändern. Es geht um deine Akzeptanz ihres Weges, ihrer Art zu leben. Sobald du ihren Weg als Umweg oder als falsch beurteilst, baust du diese Kluft und Entfremdung auf. Sobald du deinen Weg als den besseren Weg, als den richtigen Weg über ihren Weg stellst, baust du die Kluft auf. Damit nimmst du ihnen die Möglichkeit, deinen neuen Weg zu erkunden. Ihre Neugierde wird durch deine spirituelle Arroganz im Keime erstickt.

Glaube mir, dieser Weg führt in eine Sackgasse, sowohl spirituell, als auch auf sozialer Ebene. Nur wenn deine Lieben, ohne dass du sie drängst, Fragen stellen und sich für deine neuen Ansichten interessieren, hast du die Möglichkeit, ihnen von deinem neuen Weg zu berichten, ohne ihren zu bewerten.

Sieh dich bitte nicht als über ihnen stehend an, du bist gerade mal eine Stufe auf der großen Treppe weiter als sie.

Gerade mal eine Stufe weiter und schon fühlst du dich ihnen gegenüber überlegen, weiter oder besser? Erkunde diesbezüglich deine Gefühle und Ansichten.

ICH BIN
die Gegenwart Gottes in JEDEM
Menschenherzen und ich akzeptiere und
respektiere den Weg eines jeden Menschen,
denn jeder geht ihn so, wie es für ihn gut und
richtig ist!

Das ist die Affirmation, die dein Inneres auf den richtigen Weg bringt. Nur über die Akzeptanz und den Respekt für alle Menschen eröffnest du ihnen die Möglichkeit, diese eine Stufe zu dir „hoch“ zu schauen und der ein- oder andere wird sich für diese Stufe interessieren und dir Fragen stellen. Dränge dein Wissen und deine neue Weltsicht niemandem auf, das führt nicht zu dem gewünschten Ergebnis. Ich weiß es aus eigener Erfahrung und konnte es bei vielen anderen spirituell Erwachten beobachten.

Bist du unzufrieden mit deinem Arbeitsplatz, mit deinem Arbeitgeber oder deinen Kollegen? Fühlst du dich fehl am Platz?
Wieder muss ich dir sagen, dass du genau an der richtigen Stelle bist, zumindest bis jetzt.
Dort, wo du jetzt in deinem Leben stehst, ist das Ergebnis von Ursache und Wirkung. Ich will damit sagen, du hast das alles verursacht, deshalb musst du dort auch richtig sein.
Dein Karma, also das Ergebnis von Ursache und Wirkung, hat dich genau dorthin geführt, wo du jetzt stehst. Da nutzt alles Hadern nichts, es sind wieder die Akzeptanz und Annahme, die dich weiter bringen. Was hast du mit deinen Kollegen aufzulösen? Was spiegeln sie dir?
Akzeptiere sie, so wie sie sind, und beginne damit, deine Themen mit ihnen in die Erlösung zu führen.

Danke, ich segne dich, ich vergebe mir und ich vergebe dir, bitte vergib auch du mir!

Damit bedankst du dich dafür, dass sie dir deine unerlösten Themen zeigen. Dann vergibst du dir selbst dafür, dass du das bisher nicht erkannt und sie dafür verurteilt hast. Dann vergibst du ihnen, falls sie dich verurteilt, bewertet oder gemobbt haben. Dann bittest du darum, dass sie auch dir vergeben.
Diese Affirmation solltest du bei allen Menschen anwenden, mit denen du Probleme oder die mit dir Probleme haben. Dieser kleine Satz kann Wunder bewirken, es steckt eine sehr große Macht und Kraft in der Vergebung.
Wenn es dir gelingt, diesen Satz aus dem Herzen heraus an jemanden zu richten, im Stillen für dich oder vielleicht sogar direkt an den Menschen, dann bewirkt er Wunder, das verspreche ich dir!
Das alles bedeutet jedoch nicht, dass du ewig an diesem Arbeitsplatz bleiben musst. Schau aber erst mal, ob es dir gelingt, deine Themen mit den Kollegen zu lösen und zu erkennen, was sie dir spiegeln oder aufzeigen.
Wenn du dann irgendwann spürst, es ist jetzt gut mit den Kollegen, du dich dort aber immer noch unwohl oder fehl am Platz fühlst, dann solltest du dich nach einem neuen Betätigungsfeld umsehen.

Wie ist dein Verhältnis zu deinem Vater und zu deiner Mutter? Gibt es unerlöste Themen? Was wirfst du ihnen vor, was kannst du nicht vergeben?
Aus eigener Erfahrung und Beobachtung kann ich sagen, dass dies meist die Themen sind, die tief

in deinem Inneren sitzen, meist unterdrückt oder unerkannt sind und ungern angesehen werden. Schließlich sind deine Eltern, die Menschen, die dich am meisten geprägt haben. Auch wenn dir das nicht gefällt, irgendwann wirst du merken, dass du ihre Glaubenssätze, ihre Muster und Prägungen als Kind mehr oder weniger übernommen hast. Das ist normal, denn sie sind deine ersten Bezugspersonen, und das bleibt auch meist so bis zur Pubertät.
Dann kommt eine Zeit des Auflehnens gegen Alles, was von ihnen kommt. Dabei hast du das längst verinnerlicht und kämpfst eigentlich gegen dich selbst. In dieser Zeit kommen andere Bezugspersonen ins Spiel, vielleicht ein älterer Freund oder Freundin, vielleicht sogar deren Eltern. Hauptsache, man bekommt neue Ansichten und Muster, denn die von den eigenen Eltern hat man jetzt wirklich satt.
Meine zweitälteste Tochter war diesbezüglich ein Musterbeispiel. Eines Tages am Esstisch hat sie zu meiner totalen Verblüffung das von ihren jüngeren Brüdern eingefordert, was ich ihr 10 Jahre lang, wie ich dachte vergeblich, versucht habe beizubringen.
Lachend habe ich sie darauf angesprochen. Sie meinte dann, dass dies doch das Selbstverständlichste von der Welt wäre.
In dem Moment war mir klar, wie tief diese Prägungen aus der Kindheit sich eingebrannt haben. Obwohl sie immer gegen alle Regeln rebelliert hatte,

waren diese nun plötzlich das Selbstverständlichste von der Welt.
Das muss nicht bei jedem Menschen gleich sein, aber es zeigt doch, wie uns die Eltern mit ihren „angestaubten“ Denkweisen beeinflussen können. Meine Klienten bestätigen mir das auch immer wieder und es gibt kaum jemanden, der ohne Mutter-Vater-Problematik zu mir kommt.
Wo aber liegt die Lösung? Überprüfe, was du von deinen Glaubenssätzen, Mustern, Prägungen und Denkweisen nicht mehr brauchst. Was fühlt sich heute für dich überholt an? Hast du sie größtenteils von deinen Eltern oder denen, die dich erzogen haben, übernommen?

Danke, ich segne dich, ich vergebe mir und ich vergebe dir, bitte vergib auch du mir!

Segne sie aus dem tiefsten Innern deines Herzens, denn sie haben alles gegeben, was in ihrer Abstimmung, in ihren Möglichkeiten lag. Vergebe dir selbst dafür, dass du etwas von ihnen gefordert hast, was sie dir nicht geben konnten, was ihnen nicht zur Verfügung stand.
Vergib ihnen ihre Irrtümer, die du ertragen musstest. Bitte sie um Vergebung für alles, was du ihnen gegenüber an Irrtümern aufgebaut hast, oder was auch immer du ihnen gegenüber getan oder gesagt hast.
Akzeptiere sie so, wie sie sind! Sie konnten es nicht anders machen.

Aber auch hier bedeutet das nicht, dass du dich zwangsläufig um sie kümmern oder sie besuchen musst. Sobald ein „Muss“ im Spiel ist, stimmt irgendetwas nicht. Du bist auch nicht da, um ihre Erwartungshaltungen zu erfüllen!
Sag ihnen, was du ganz und gar nicht mehr möchtest. Sie haben keinerlei Macht über dich und du kannst deine Bedürfnisse frei äußern. Ob sie das verstehen oder akzeptieren, spielt dabei keine Rolle.
Du wurdest ihnen von Gott geschenkt, in ihre Obhut gegeben. Daraus ergibt sich kein Abhängigkeitsverhältnis auf ewig und schon gar keine Verpflichtungen ihnen gegenüber.
Wenn du ihre Erwartungen enttäuschst, dann ist das ein Problem ihrer Erwartungen und nicht deines!

ICH BIN
ein freies Kind des Einen Gottes.
Mein Leben gehört nur ihm allein.
ICH BIN
vollkommen frei und kann mein Leben
so leben, wie ich es für gut und richtig halte!

Befreie dich mit Hilfe dieser Affirmation aus den alten Zwängen. Wenn dies ein großes Thema von dir ist, füge sie deiner täglichen Affirmationsliste hinzu.
Das alles steht nicht im Gegensatz zu einem guten, liebevollen Verhältnis zwischen dir und deinen Eltern.

Du darfst Grenzen setzen und sie ihnen auch mitteilen. Du solltest, wenn möglich, ein befreites, liebevolles Verhältnis zu ihnen anstreben. So, wie es dir guttut, und wie sie es auch zulassen können.
Jetzt wollen wir noch die Glaubenssätze, Muster, Prägungen und Denkweisen loswerden, die überholt sind und nicht mehr gebraucht werden.

Geliebte allmächtige ICH BIN Gegenwart, ich bitte dich, befreie mich von allen überholten, nicht mehr benötigten Glaubenssätzen, Verhaltensweisen, Mustern, Prägungen und Denkweisen. Befreie mich von ihnen mit allen Ursachen und Wirkungen, die dazu geführt haben. Danke!

Eine Affirmation, die auf keiner Liste fehlen sollte. Du solltest immer daran denken, dass erst häufiges Wiederholen das Gewünschte in der Materie sichtbar werden lässt. Der Zeitpunkt hängt von vielen Faktoren ab, wie etwa deinem Rhythmus der Wiederholungen, deinem Glauben, deinem Vertrauen in Gott und noch Einigem mehr.

Auch in der Partnerschaft kann man vieles von dem bisher Gelesenen anwenden. Trotzdem ist es vielleicht die schwierigste Aufgabe, den eigenen Partner so zu akzeptieren, wie er ist. Ihn so anzunehmen, wie er ist und es zu vermeiden, ihm oder ihr die eigenen Ansichten aufzuzwingen.
Das gilt für jede Partnerschaft, ob man sich nun

mit spirituellen Themen beschäftigt oder nicht. Allerdings ist es gerade bei der eigenen spirituellen Entwicklung ein besonders sensibles Thema.
Ich kann hier natürlich nur aus meiner eigenen Erfahrung und meinen Beobachtungen bei mir bekannten Paaren sprechen. Es gibt aber sicher noch viele andere Konstellationen und Herausforderungen. Idealerweise interessieren sich beide Partner für spirituelle Themen und ziehen an einem Strang. Eine schöne Wunschvorstellung, die nur selten zutrifft. Meist ist es so, dass ein Partner, aus meiner Beobachtung meistens die Frau, zu Meditationen geht, spirituelle Bücher liest und sich für diese Themen interessiert. Frauen haben meist ein besseres Gespür, wie sie ihren Partner für eine Sache begeistern können. Meine Frau Heike hat mich durch die Gabe von homöopathischen Mitteln an diese Thematik herangeführt, später dann durch Handauflegen. Da ich schon damals Energien fühlen konnte, spürte ich, da passiert irgendetwas, sowohl bei der Einnahme von homöopathischen Mitteln, als auch beim Handauflegen. Ich verstand es nicht, aber ich fühlte es. Dadurch wurde u.a. mein Interesse geweckt. Ich wollte es herausfinden, was denn da passierte. Ich wollte schon immer herausfinden, wie alles funktioniert.
Andere Menschen haben weniger Glück. Ihre Partner wollen, dass alles so bleibt, wie es ist, fühlen sich gerade so wohl, oder haben gar Angst vor allem Spirituellen. Dann bleibt wieder nur die Akzeptanz und Annahme, dass jeder Mensch seinen

Weg so gehen darf, wie er selbst möchte.
Solange der Partner die eigenen Bemühungen nicht untergräbt oder gar versucht, sie zu verbieten, sollte man alles dem Fluss des Lebens überlassen. Irgendwann kommt für jeden das Aufbruchssignal in irgendeiner Art und Weise. Du kannst dies nicht für andere Menschen erzwingen oder beschleunigen.
Alles geschieht zum richtigen Zeitpunkt, darauf solltest du vertrauen!

ICH BIN
das Aufbruchssignal in jedem
Menschen und ich erscheine immer
zum richtigen Zeitpunkt!

Die Gegenwart Gottes weiß genau, wann der richtige Zeitpunkt gekommen ist, und wird mit entsprechenden Impulsen das Interesse bei einem Menschen wecken.
Wenn ein Mensch entsprechend seinen neuen Erkenntnissen denkt und handelt - und das wird er quasi automatisch, wenn er lange genug die ***ICH BIN*** Affirmationen spricht - werden die Menschen in seinem Umfeld bemerken, dass sich da etwas geändert hat.
Wenn du Gott in deinem Herzen mehr und mehr erweckst, strahlt dies auch in dein Umfeld. Andere Menschen werden davon inspiriert und beflügelt und werden dir Fragen stellen, was denn nun anders ist in deinem Leben.

Allerdings konnte ich auch beobachten, dass Menschen von diesen Veränderungen abgeschreckt werden. Sie fühlen sich genötigt, auch ihr Leben ändern zu müssen. Deine Energien setzen sie sozusagen unter Druck. Meist entfernen sie sich dann aus deinem Leben. Du könntest sie nur halten, indem du dich selbst und deine Erkenntnisse verleugnest und das ist nicht im Sinne deiner ***ICH BIN*** Gegenwart. Lass sie in Liebe los, sie gehen ihren Weg in ihrer Geschwindigkeit.

Deine Ziele und Wünsche

Wäre es nicht wunderbar, wenn du mit Hilfe deiner ***ICH BIN*** Gegenwart deine Wünsche in dein Leben holen und deine Ziele erreichen könntest?
Nun, darum geht es ja, wenn du der Schöpfer deiner eigenen Realität werden möchtest. Selbstverständlich ist es von Gott gewollt, dass es dir gut geht und es dir an nichts mangelt. Zu keinem Zeitpunkt wollte ***Er***, dass du irgendwo im Mangel lebst. Auch gibt es keine Strafe Gottes, die dich dazu verdammen würde. ***Er*** liebt dich und gewährt dir jeden Wunsch, sofern dieser nicht anderen Schaden zufügen oder gegen die geistigen Gesetze verstoßen würde.
Sei bitte auf der Hut und bleibe achtsam. Benutze niemals eine ***ICH BIN*** Affirmation, um anderen etwas aufzuzwingen oder etwas zu erreichen, dass Jemandem Schaden zufügen könnte.
Tust du es trotzdem, wird es unter Umständen eine Zeit lang funktionieren, aber dies wird dich rapide herunterziehen, da du für solche Affirmationen keinen Energienachschub von Gott erhältst. Du würdest also deine Energie schnell aufgebraucht haben und dein Körper würde zwangsläufig krank werden. Außerdem hättest du dir dadurch neues Karma aufgeladen.
Ein weiterer Punkt, den es zu beachten gibt, sind Wünsche und Ziele, die sich nicht mit deiner Lebensaufgabe decken oder nicht zu deinem Wohle wären. Diese Wünsche werden sich zu deinem

eigenen Schutz niemals manifestieren, denn dies wäre nicht zu deinem höchsten Wohle und die ***ICH BIN*** Gegenwart handelt immer nur zu deinem höchsten Wohle! Ein Beispiel:

ICH BIN
die Gegenwart, die alles Geld, das ich benötige,
sofort in meine Hände legt,
zu meiner Benutzung.
Danke!

Dies ist eine Affirmation, die schon in der Vergangenheit für Kontroversen gesorgt hat. Warum sollte Gott dir nicht alles Geld zur Verfügung stellen, welches du benötigst? Geld ist weder schlecht noch gut. Es ist eine Energieform, die du in der aktuellen Welt benötigst, um deine Bedürfnisse zu befriedigen. Geld abzulehnen, weil andere damit Missklänge erzeugen, wäre ein Irrtum. Viele Menschen, die ich kenne und die sich mit spirituellen Themen befassen, sehen Geld als etwas Schmutziges und Schlechtes an. Meist haben genau diese Menschen davon aber zu wenig, um sich ihre Bedürfnisse erfüllen zu können. Als Resultat hadern sie mit der Welt und träumen von einer Zukunft, in der kein Geld mehr benötigt wird. Ich bin mir sicher, dass es einmal soweit kommen wird. In ein paar hundert Jahren werden wir kein Geld mehr benötigen. Bis es soweit ist, nutzt mir diese Erkenntnis aber wenig.

Du lebst im Hier und Jetzt, um das Hier und Jetzt

zu meistern, nicht um von der Zukunft zu träumen! Du bist der Schöpfer deiner eigenen Realität, willst du weiterhin im Mangel leben?

Geliebte, allmächtige ICH BIN Gegenwart, ich gebiete dir, befreie mich von allen Ursachen und Wirkungen, die zu meinen Mangelwelten führen. Befreie mich von allen Mustern, Prägungen und Glaubenssätzen, die mich im Mangel festhalten und ersetze sie durch Fülle auf allen Ebenen.
Danke!

Eine mächtige Affirmation, die dich von deinen Mangelwelten befreit. Wie sich die Wirkungen dieser Affirmation bei jedem Einzelnen auswirken, wird sich dann zeigen. Deine ***ICH BIN*** Gegenwart setzt sich beim Sprechen dieser Affirmation in Bewegung, also setzt sich Gott selbst in Bewegung, um das Gewünschte für dich wahr werden zu lassen. Mach dir das immer wieder bewusst und vertraue auf ***Ihn***. ***Er*** ist allmächtig und für ***Ihn*** ist nichts unmöglich!
Wie und wann sich das Gewünschte für dich zeigen wird, darüber kann ich nichts sagen.

Die Wege des Herrn sind unergründlich!

Diese alte Aussage hat an ihrer Aktualität nichts verloren. Am Besten du versuchst dir gar nicht erst vorzustellen oder auszumalen, wie deine Wünsche

Wirklichkeit werden. Es wäre reine Energieverschwendung, das kann ich aus eigener Erfahrung berichten. Egal, wie ich es mir vorgestellt hatte, es kam immer irgendwie anders. Außerdem verzögern deine Gedanken das Erscheinen des Gewünschten vielleicht sogar, weil sie im Gegensatz zu dem stehen, wie Gott es für dich vorgesehen hat. Der beste Weg ist also immer, die Affirmationen zu sprechen, loszulassen und den Dingen ihren Lauf lassen, auch wenn es schwer fällt.
Viele unserer Wünsche richten sich auf materielle Güter, was auch nicht falsch oder schlecht ist. Gottes Wunsch ist es, dass es uns an nichts mangelt, was zu unserem Wohle wirkt.
Warum solltest du also nicht ein schönes Haus oder eine Eigentumswohnung, eine schöne Wohnungseinrichtung und ein schönes Auto dein Eigenen nennen dürfen?
Aus der Sicht Gottes sprechen keine Gründe dagegen!
Aber es gibt Ursachen, die dagegen sprechen. Das wären an erster Stelle dein Karma, dann deine Glaubenssätze, Prägungen, deine Sicht der Welt.
Werden alle diese Dinge durch das Sprechen von ***ICH BIN*** Affirmationen aufgehoben oder übergangen?
Nein, das werden sie natürlich nicht. Es geschieht etwas anderes. ***Alles, was dem, was deine Affirmationen beinhalten, entgegensteht, erscheint so in deinem Leben, dass du die Möglichkeit hast, es aufzulösen.***

Dabei wird der einzelne Mensch nie überfordert. Jeder bekommt immer nur die Situationen und Herausforderungen, die er auch bewältigen kann, auch wenn dies manchmal gefühlt bis an die äußersten Grenzen geht.
Auf meiner täglichen Affirmationsliste stehen deshalb zwei Affirmationen, mit denen ich mir weitere Hilfe von den Aufgestiegenen Meistern und den Engeln erbitte.

ICH BIN
die sichtbare Gegenwart, jener
geliebten Aufgestiegenen Meister und
Meisterinnen, deren Beistand ich erbitte und
von denen ich mir wünsche, sie mögen mich
unterstützen, beschützen und leiten.
Danke!

ICH BIN
die Gegenwart,
welche die Engel und Erzengel bittet
mir alle Unterstützung zukommen zu
lassen, die in ihrer Macht steht.
Danke!

Mit diesen beiden Affirmationen kannst du dir alle Hilfe anfordern, die du jemals brauchen wirst. Sie werden deinen Ruf erhören und dir unmittelbar zur Seite stehen.
Nachdem wir nun geklärt haben, wie die Hindernisse,

die deine Wünsche blockieren, beseitigt werden, fahren wir fort mit der Wunscherfüllung.

ICH BIN
die Gegenwart, die ein
wunderschönes Haus am See besitzt.

Du kannst diese Affirmation so anpassen, wie es für dich stimmig ist. Vielleicht möchtest du lieber im Gebirge wohnen oder am Meer?

ICH BIN
die Gegenwart, die ein schönes,
erfülltes Leben lebt.

Das ist der einfache Wunsch der allermeisten Menschen. Rufe dir dieses Glück in dein Leben, es steht dir zu. Der eine Gott möchte, dass du ein solches Leben lebst. Es ist sein Wunsch, dass du glücklich bist!

ICH BIN
die reiche Fülle Gottes, die sich jetzt in meinem
gesamten Sein offenbart und die in meinen
Händen, jetzt und für alle Zeiten, zu meiner
Verfügung sichtbar wird.

Das ***ICH BIN*** ist die reiche Fülle Gottes, denn sie ist ja Gottes Gegenwart. Mit allen ICH BIN Affirmationen ziehst du das Gewünschte in deine Realität, in dein Leben.

ICH BIN
die Gegenwart, die einen wunderbar passenden, neuen Job für mich findet, bei dem ich mich wohl fühle und angemessen bezahlt werde.

Du kannst ganz speziell für deine Wünsche und Ziele Affirmationen kreieren, damit du genau das in dein Leben holst, was du möchtest.

Deine ***ICH BIN*** Gegenwart ist deine Seele und sie ist die Gegenwart Gottes. Sie ist immer in der Vollkommenheit göttlicher Ordnung, sie IST die reiche Fülle Gottes. Von diesem ***ICH BIN*** ist ein Funke in jedem Lebewesen, der beim Menschen darauf wartet, entdeckt und erweckt zu werden, um dann größer zu werden und zu strahlen. Mit jeder ***ICH BIN*** Affirmation machst du genau das. Mehr und mehr von deinem wahren Selbst, von deinem ***ICH BIN*** kann dadurch in dich strömen.

Jeder Mensch ist Gott-Gegenwart im Werden begriffen!

Du wirst mehr und mehr zu dieser ***ICH BIN*** Gegenwart werden, mit jeder ***ICH BIN*** Affirmation, die du sprichst und die reiche Fülle Gottes wird dein gesamtes Sein durchfluten!

Deine göttliche Lebensaufgabe

Jeder Mensch hat eine göttliche Lebensaufgabe. Diese sind so unterschiedlich, wie es Menschen gibt. Viele Menschen, die sich täglich mit spirituellen Themen beschäftigen, sind am Anfang ihres Weges der irrigen Annahme, sie alleine könnten die Welt retten und ihre Lebensaufgabe müsse damit etwas zu tun haben.

Am langen Ende mag das stimmen. Alle Menschen gemeinsam werden die Welt irgendwann einmal in einen wunderbaren Ort verwandelt haben.

Das gelingt aber nur, wenn sich jeder einzelne erst einmal selbst rettet.

Wieder kann ich hier aus meiner eigenen Erfahrung berichten. Ich erinnere mich gut an den Besuch meiner ersten Meditationsgruppe, die ich über einige Jahre besucht habe. Irgendwann gab mir die Leiterin dieser Gruppe ein Blatt, auf dem die 10 irrigsten Annahmen des spirituell Suchenden aufgelistet waren. Ich kann mich nur noch an den Punkt 1 erinnern, dort stand sinngemäß: „Du alleine kannst die Welt nicht retten!"

Ich weiß auch noch genau, was ich dachte, als ich das las: „Vielleicht gilt dies für alle anderen, ich jedoch kann es!"

Danach handelte ich auch eine Zeit lang, indem ich Illusionswelten erschuf, in denen ich mit geistigen Mitteln die Welt zu retten versuchte. Ich fand dann auch Gleichgesinnte, die sich meinen Illusionswelten anschlossen oder die bereits ähnliche

erschaffen hatten. Und so retteten wir in unserer Illusionswelt die Welt, wir erlösten Atlantis aus den Fluten und brachten unendliche dunkle Wesen ins Licht ... wie gesagt, in unseren Illusionswelten.
Jeder, der sich auf spirituelle Illusionen einlässt, kommt irgendwann zwangsläufig in Kontakt mit den dunklen Bereichen der Astralebene und findet dort reichlich Helfer, die sich an diesen Illusionswelten beteiligen möchten. Allerdings nicht in dem Sinne, dass es einem gut tun würde.
So kann man in eine Spirale geraten, aus der man alleine nicht wieder herausfindet.
Dank meines Geistführers erkannte ich glücklicherweise, bevor es zu spät gewesen wäre, dass in meiner Welt etwas nicht stimmte. Er brachte mich in Kontakt mit Menschen, die mir die richtigen Hinweise gaben, durch die ich mich daraus befreien konnte.

Indem du etwas für dich tust, dich befreist aus deinen karmischen Fesseln und Gott in deinem Herzen erweckst, in dem Moment tust du es bereits für alle Menschen und die Erde!

Das ist der Weg, um die Welt zu „retten“. Du musst dich selbst „retten“, durch deinen Weg können andere dir nachfolgen. Du ebnest sozusagen den Weg, indem du deinen Weg gehst.
Du findest deinen Weg aus einer passiven Haltung heraus. Lasse den Weg auf dich zukommen und gehe ihn dann Schritt für Schritt in deinem Tempo.

ICH BIN
jetzt bereit meinen
göttlichen Lebensweg zu gehen!

Damit gibst du das Startsignal, dadurch wird dein Weg auf dich zukommen.

ICH BIN
jetzt ausreichend qualifiziert
und bereit für meine göttliche Lebensaufgabe!

Was auch immer deine Aufgabe ist, sie wird auf dich zukommen, wenn du beharrlich und diszipliniert die Affirmationen sprichst und dich mit dem ***ICH BIN*** und mit dem ***Einen*** beschäftigst.

Viele Menschen wirken schon genau dort, wo ihre Lebensaufgabe sie hingeführt hat. In Krankenhäusern, Altenheimen, Kindergärten, in der Pflege von Mensch und Tier, irgendwo im sozialen Bereich, bei der Feuerwehr oder als Mutter oder Pflegemutter von Kindern, um jetzt nur einige Beispiele zu nennen. Solange du dich bei der Ausübung deiner Tätigkeit wohlfühlst, solange bist du auch richtig dort. Wenn du jedoch spürst, dass es dich woanders hinzieht und du noch nicht genau weißt, wo das sein wird oder wie das vonstatten gehen kann, benutze die vorherigen Affirmationen und übergib es deiner ***ICH BIN*** Gegenwart, dir die passenden Gelegenheiten zu verschaffen. Manchmal ist es wichtig, dass ein Mensch viele verschiedene

Arbeitsplätze hatte, um mit den Menschen dort alte Themen aufzulösen. Heute, im Nachhinein, weiß ich, warum ich alle diese Menschen treffen durfte. Es gibt auch hier keine Zufälle, du bist immer genau dort, wo es für dich Themen gibt, die aufgelöst werden wollen. Denke immer daran und nutze diese Gelegenheiten, um mit all den Menschen deinen Frieden zu machen bzw. die Themen aufzulösen, wie es zuvor in diesem Buch schon beschrieben wurde.

Bei der Suche nach deiner Lebensaufgabe solltest du keine Erwartungen aufbauen. Ich kann dir nur empfehlen, achtsam zu sein. Sie wird dich dann von ganz alleine finden, und du wirst dann spüren, dass dies genau das Richtige für dich ist.
Die Affirmationen ziehen deine Lebensaufgabe, deine Bestimmung, zu dir. Wann und wie sie zu dir kommt, weiß nur ***Er*** alleine.

Innerer Frieden

Es ist ein so wunderbares Gefühl, den inneren Frieden zu spüren. Das Solarplexuschakra, der Bereich um den Nabel, ausstrahlend in den gesamten Bauchraum, fühlt sich dann warm und weich an, friedlich eben. Alles, was um einen herum geschieht, beobachtet man ganz neutral und es hat keinerlei Einfluss auf diesen Frieden. Auch die Geschehnisse in der Welt, seien sie noch so unfriedlich, sie können dieses Gefühl nicht mehr beeinflussen. Man erkennt, dass die Welt so gut ist, wie sie gerade ist und weiß, dass auch sie irgendwann einmal im Frieden sein wird.
Das oben beschriebene Gefühl über längere Zeit aufrechtzuerhalten, gelingt mir nur selten. Aber wenn es dann wieder da ist, oh, es ist dann wirklich wunderbar!

ICH BIN
vollkommen im Frieden mit mir und der Welt.
Ich erkenne, dass alles, so wie es jetzt ist,
genau richtig ist. ICH BIN der Beobachter
der Welt und lasse meinen inneren Frieden
in die Welt strömen!

Spürst du innere Widerstände, wenn du diese Affirmation liest? Glaubst du denn, dass jetzt alles genau so richtig ist, um dich herum?
Du kannst das Jetzt annehmen und akzeptieren oder es ablehnen und dagegen kämpfen. Trotzdem

bleibt es das Jetzt, gleichgültig, was du denkst oder tust. Du kannst dich entscheiden, über etwas zu schimpfen und dich zu ärgern, wütend zu sein und zu schreien. Damit änderst du gar nichts, außer die Sache, die dir nicht gefällt, mit deinen Energien zu nähren.
Wenn du inneren Frieden suchst, bleibt dir nur der Weg der Annahme, Akzeptanz und dann die Sache so sein zu lassen, wie sie gerade ist.
Ich rede hier von den Geschehnissen in der Welt. Verlasse die Bühne und wechsele auf die Zuschauertribüne und werde zum Beobachter. Sie alle spielen ihre Rolle, gemäß ihrer eigenen Abstimmung. Wenn du das erkannt hast, brauchst du nicht länger mitzuspielen.
Das befreit dich und bringt dir den gewünschten inneren Frieden.

ICH BIN
die gebietende, lenkende Gegenwart,
die heute alles vor mir bewegt, und ich befehle
für all mein Tun vollkommenen
Frieden und Wohlklang.

Damit hast du die volle Unterstützung der Gegenwart Gottes, um das Ziel des inneren Friedens zu erreichen - denn dazu gehört selbstverständlich auch, nur friedlich zu handeln. Solange es dich selbst nicht direkt betrifft, ist es verhältnismäßig leicht, in der Beobachterrolle zu verweilen. Sind es aber die direkten eigenen Herausforderungen in

Familie und Beruf, wird der innere Frieden zu einer immensen Lernaufgabe.
Die Kinder toben und schreien und denken gar nicht daran, auf deine Worte hin ihr Verhalten zu ändern. Deine Worte werden lauter und bestimmter, die Kinder kümmert es gerade gar nicht. Dann mischt sich auch noch dein Partner ein und macht es gefühlt noch schlimmer. Dein innerer Frieden wird verdrängt durch Verzweiflung, gefolgt von Wut und Zorn.
Sie haben es wieder geschafft, sie haben dir gezeigt, wie weit du bist bei der Aufrechterhaltung deines inneren Friedens.
Eine Szene, wie sie sich täglich millionenfach so oder so ähnlich wiederholt. Irgendetwas reißt dich aus deinem Frieden heraus, zeigt dir, welche Herausforderungen noch zu meistern sind.
Jetzt bloß nicht zweifeln und schon gar nicht selbst verurteilen! Erkenne dich als Mensch, der auf dem Weg zur Meisterschaft ist, lass dich von solchen Ereignissen nicht entmutigen.
Ich spreche dann immer folgende Affirmation:

ICH BIN
die mächtige, alles verzehrende Flamme, die alle heutigen und vergangenen Irrtümer meines äußeren Selbstes mit Ursache und Wirkung und allem unerwünscht Erschaffenem voll und ganz aufzehrt.

Durch den Verlust des inneren Friedens und das

anschließende Verbalisieren der Wut und des Zorns werden viele Energien missqualifiziert. Mit obiger Affirmation werden diese Missklänge erlöst. Lässt man solche Geschehnisse einfach im Raum stehen, werden sich die Missklänge anhäufen und irgendwann zu großen Problemen führen. Wenn diese Energien schon mal im Raum sind, ist es für sie viel einfacher, dich zu überwältigen. Oder anders ausgedrückt: Du kommst viel schneller in Wut und Zorn. Das Ganze entwickelt sich zu einer Ärger-Wut-Zorn-Spirale. Benutze deshalb täglich diese Affirmation, um alles, was du früher und heute an Missklängen erzeugt hast, aufzulösen.

ICH BIN
die Kraft und der Mut, mich stetig
vorwärts zu bewegen durch alle Erfahrungen,
was sie mir auch bringen mögen, ich bleibe
fröhlich und emporgehoben, zu allen Zeiten
erfüllt von Frieden und Harmonie, durch die
herrliche Gegenwart, die ICH BIN.

Dann sprich diese herrliche Affirmation, die dir augenblicklich Kraft und Mut verleiht, um das gerade Geschehene hinter dir zu lassen und wieder zurückzukehren in deinen inneren Frieden.
Wenn du dann soweit bist, gehe zu den Menschen, die du eben mit Missklängen überhäuft hast und spricht mit ihnen darüber, entschuldige dich für deinen Ausrutscher, vergib dir selbst und bitte sie um Vergebung.

ICH BIN
die MÄCHTIGE Intelligenz und Kraft, die alles berichtigt, und keine äußere Tätigkeit kann dies verhindern!

ICH BIN
die Kraft, die Frieden
und Harmonie erschafft!

Mit diesen beiden Affirmationen stellst du durch die Kraft deiner ICH BIN Gegenwart den friedvollen Zustand her, den du dir wünschst.
Anschließend wäre es sicher sinnvoll zu reflektieren, wie es zu all dem Durcheinander kommen konnte. Hinterfrage dein Verhalten und entwickele eine Strategie, damit du beim nächsten Mal besser gerüstet bist. Irgendwann wirst du solche oder ähnliche Situationen dann spielend und mit heiterer Gelassenheit meistern.
Bitte vergiss nicht: Um Meister zu werden, bedarf es einer langen Lehrzeit, viel Erfahrung und Weiterbildung und schließlich einer Abschlussprüfung!

Selbstheilung

Mensch: „Ich bin ein armer Mensch, ich habe schlimmen Fußpilz. Ich hasse meinen Fußpilz! Meine Füße jucken und brennen, ich will, dass der Fußpilz verschwindet! Ich bekämpfe ihn mit allen Mitteln, die ich zur Verfügung habe, damit er schnell verschwindet!"

Fußpilz: „Ähm, Moment mal, du hast mich doch gerufen. Du wolltest doch, dass ich erscheine. Warum hättest du sonst wohl zu enge Strümpfe und zu enge Schuhe angezogen, die deine Füße zum Schwitzen gebracht haben? Damit hast du doch die ideale Umgebung für mich erschaffen. Wenn du mich nun angreifst, dann werde ich mal richtig aggressiv und zeige dir, wo der Hammer hängt!"

Mensch: „Nein, das musst du falsch verstanden haben, ich wollte dich nie. Na gut, offensichtlich habe ich versehentlich die Ursachen dafür gesetzt, dass du erschienen bist. Dann laufe ich jetzt solange barfuß, bis es dir nicht mehr gefällt und du freiwillig wieder gehst. Neue Strümpfe und Schuhe kaufe ich mir auch, damit dies nie mehr geschieht. Außerdem entschuldige ich mich bei dir für mein aggressives Verhalten dir gegenüber und bitte dich um Vergebung."

Könnte jeder Mensch mit seiner Krankheit kommunizieren, das ein- oder andere Gespräch würde

wohl so oder so ähnlich ablaufen.
Die meisten Menschen reagieren so auf eine Beschwerde oder Krankheit. Sie gehen erst in die Opferrolle und bedauern sich selbst, um dann aggressiv gegen die Beschwerden oder Krankheit vorzugehen.
Je stärker eine Krankheit in Erscheinung tritt, desto stärker wird sie bekämpft.
Leider kommt es nie zu dem zweiten Schritt. Nämlich nachzufragen, was denn die Ursachen sein könnten, die dazu geführt haben, um diese dann im dritten Schritt selbst abzustellen.

Generell haben alle Beschwerden und Erkrankungen ihre Ursache. Es gibt keine Zufälle, alles geschieht gemäß den kosmischen Wirkprinzipien.
Wenn du im Winter 20 Minuten nackt im Schnee herumspringst und anschließend eine dicke Erkältung bekommst, wirst du dafür sofort die Ursache erkennen, das ist einfach.
Wenn du schwere Gegenstände hebst und anschließend Rückenschmerzen hast, sind dir die Ursachen auch voll und ganz klar.
Leider ist das nicht bei allen Problemen oder Beschwerden so einfach. Wie du ja weißt, hast du alle Ursachen für deine aktuelle Lebenssituation selbst gesetzt. Dies zu akzeptieren und voll und ganz anzunehmen, ist immer der erste Schritt, um der Sache auf den Grund gehen zu können. Leider sind noch nicht alle Menschen hellsichtig oder intuitiv genug, um in der stillen Reflexion der eigenen Situation die

Ursachen zu empfangen oder zu erahnen. Deshalb kommen dann oft die Engel in Menschengestalt zu Hilfe. Damit meine ich Menschen, die uns den Spiegel vorhalten, damit wir uns selbst erkennen. Meist gefällt uns das gar nicht, denn sie zeigen uns oft Dinge auf, die wir ablehnen oder an uns nicht leiden können. Umso stärker deine Ablehnung, umso mehr hat es mit dir zu tun. Es ist dann wichtig, dass du wirklich darüber nachdenkst, was dir dieser Mensch damit aufzeigen wollte, was es mit dir zu tun hat.
Dadurch hat man die Möglichkeit der Selbsterkenntnis und Heilung. Die Gegenwart Gottes hilft dir bei der Lösung deiner Probleme, Beschwerden und der Heilung deiner Krankheiten.

ICH BIN
die Gegenwart
vollkommener Gesundheit!

Damit ziehst du die vollkommene Gesundheit in Gestalt deiner ***ICH BIN*** Gegenwart in dein Leben, in deinen Körper. Durch diese Affirmation wird dein ***ICH BIN*** alles in Bewegung setzen, damit dies auch in deinem Körper zum Ausdruck kommen kann. Dazu kann auch gehören, dass dir Menschen begegnen, die dir die Hinweise geben - in welcher Form auch immer - damit du zu der Erkenntnis der Ursachen der Problematik gelangen kannst. Achtsamkeit ist hier gefragt. Nichts geschieht zufällig, beobachte und höre genau hin.

Grundsätzlich kann sich jede Krankheit, wenn die Ursachen erkannt und bearbeitet wurden, auflösen.

Niemand ***muss*** leiden, um sein Karma oder seine Irrtümer zu erlösen. Viele Menschen glauben das aber und empfinden deshalb ihre Krankheit als notwendiges Martyrium oder als Strafe.
Wer das so sehen und danach leben will, der darf das gerne tun. Durch Leid kann Karma erlöst werden, daran haben wir uns über die letzten Jahrtausende gewöhnt. Ich sage dir aber, dass diese Zeit nun vorüber ist. Über die Bewusstwerdung darüber, wer wir wirklich sind, und dass Gott in unserem Herzen zu Hause ist, können wir einen neuen Weg beschreiten.

ICH BIN
das volle Erfassen
und Verstehen dieser Krankheit!

ICH BIN
die Erkenntnis all der Ursachen
und Wirkungen, die dazu geführt haben!

Wenn du eine Krankheit oder Beschwerde hast, solltest du die Affirmationen aus diesem Kapitel täglich drei Mal mit Gefühl, zentriert in deinem Herzen, sprechen.
Gerade die beiden letzten Affirmationen passen

aber auch sehr gut bei anderen Gelegenheiten. Dann kann das Wort Krankheit durch ein anderes Wort ersetzt werden, passend zu der Problematik.

Auch wenn dir die Ursachen noch nicht klar geworden sind, kannst du bereits weitere Schritte zur Gesundwerdung einleiten.
Die Aufgestiegenen Meister, die auf dem Grünen Strahl der Heilung dienen, helfen dir und deinem Körper sehr gerne, das wollen wir hier nicht vergessen. Solange du noch nicht voll und ganz das ***ICH BIN*** bist, kannst du ihre Hilfe wirklich gut gebrauchen.

ICH bitte die Aufgestiegenen Meister und Meisterinnen des Grünen Strahls der Heilung um Hilfe. Bitte versorgt mein äußeres Selbst mit allem, was zur Heilwerdung benötigt wird, und helft mir, dass ich erkenne, was zu der Krankheit geführt hat.
Vielen Dank!

Auch viele Engel stehen bereit. Wenn wir sie rufen, unterstützen sie uns in allen Belangen unseres Lebens.

ICH bitte die Engel und Erzengel um Hilfe, bitte unternehmt alles, was nötig ist, damit mein gesamtes äußeres Selbst wieder heil und gesund wird. Vielen Dank!

Wir können bereits ohne die genaue Kenntnis all der Ursachen und Wirkungen damit beginnen, diese aufzulösen. Wenn du akzeptiert hast, dass du selbst viele Irrtümer in vielen Leben begangen hast, dass du viele Ursachen gesetzt hast, deren Wirkungen du nun bearbeiten darfst, dann kannst du mit deren Auflösung beginnen.
Wende dich in deiner Vorstellung an alle Tiere und Menschen, die mit den Ursachen und Wirkungen in einem Zusammenhang stehen.

Danke, ich segne euch,
ich bitte euch um Vergebung!
Ich vergebe mir selbst und ich vergebe euch!

ICH sende Licht und Liebe zu allen Wesen die
damit in einem Zusammenhang stehen,
ich sende Licht und Liebe in alle Ursachen
und Wirkungen, die zu der Krankheit führen.

Damit beginnt die Krankheit, Beschwerde oder das Problem bereits, sich aufzulösen. In wie weit dies so geschehen kann, hängt von wirklich vielen Faktoren ab, von denen ich hier nur einige aufzählen kann.
Alle Affirmationen stehen und fallen mit deinem Glauben an Gott und dem Glauben, dass er in deinem Herzen ist und sich durch deine Affirmation in Bewegung setzt. Die Wirkung hängt auch mit deinem Bewusstseinsgrad, mit deiner Abstimmung zusammen. Sie

hängt mit deiner Denkweise zusammen. Bist du eher ein positiv denkender Mensch oder ist dein Glas immer halb leer?
Sie liegt aber auch an ganz einfach umzusetzenden Dingen, wie deiner Disziplin und Ausdauer, diese Affirmationen über Wochen, Monate oder für immer, täglich mehrfach aufzusagen.

Wenn dir die Ursachen, die zu deiner Erkrankung geführt haben, bewusst geworden sind, wenn diese in deinem aktuellen Leben liegen, dann musst du sie ändern, abstellen oder umwandeln, damit Heilung geschehen kann.
Selbst wenn du die Affirmationen über einen langen Zeitraum täglich sprichst, wird die Krankheit nicht verschwinden, solange du die Ursachen täglich neu generierst und deine Irrtümer nicht abstellst.

ICH BIN
die mächtige, alles verzehrende Flamme,
die alle heutigen und vergangen Irrtümer,
all meiner äußeren Selbste mit Ursache und
Wirkung und allem unerwünscht Erschaffendem
ganz und gar aufzehrt.

Deine heutigen und vergangenen Irrtümer in allen deinen Inkarnationen haben die Ursachen und Wirkungen erschaffen, die zu deiner Krankheit führen. Die Flamme Gottes frisst sich mit jeder Wiederholung dieser Affirmation durch deine Irrtümer und

verzehrt alles in dem Maße, wie es deiner Abstimmung entspricht.
Mit Abstimmung ist dein Gesamtzustand gemeint Der Begriff vereint Bewusstsein, soziale Kompetenz und Herzensqualitäten.

***Geliebte, allmächtige ICH BIN Gegenwart,
ich bitte dich, befreie mich von allen Ursachen
und Wirkungen, die zu dieser Krankheit führen.
Sprich in meinem Namen zu allen Beteiligten,
alles was nötig ist, tue alles, was nötig ist,
damit sich diese Krankheit ganz und
gar auflösen kann.***

Unabhängig davon, ob dir die Ursachen nun bewusst sind oder nicht, ist dies eine mächtige Affirmation. Du bittest hiermit die Gegenwart Gottes, dich von allen Ursachen und Wirkungen zu befreien. Gleichzeitig bittest du sie, mit allen Beteiligten zu sprechen und die Worte zu sage, die nötig sind, damit eure Problematik erlöst werden kann. Du bittest dein ***ICH BIN*** alles zu tun, was nötig ist, damit die Krankheit sich auflöst und du gesund wirst. Die Gegenwart Gottes wird alles in Bewegung setzen, was nötig ist, um das, was in der Affirmation gewünscht wird, in deine sichtbare Welt zu bringen. Sie wird dich mit allen Menschen, vielleicht auch Tieren, in Verbindung bringen, damit dies geschehen kann. Sie wird dich in Situationen bringen, die dir Klarheit verschaffen. Gott wird Gelegenheiten erschaffen, damit du dir über die

Krankheit bewusst wirst. Verstehst du, worauf ich hinaus will? Umso intensiver du diese und andere Affirmationen sprichst und an deinem Glauben festhältst, umso intensiver kann Gott dir helfen!

Wenn dir die Ursachen bewusst sind, du dir vollkommen klar bist, wie und warum es zu der Krankheit gekommen ist, wenn du alle Ursachen aus diesem Leben abgestellt hast, dann kann sich die Krankheit sofort auflösen. Die allermeisten Spontanheilungen sind so abgelaufen. Erst wenn dem Menschen alles bewusst ist, dann löst sich Krankheit auf. Sie hat dann keinen Nährboden mehr und auch keinen Grund mehr zu existieren, denn sie hat ja ihren Sinn erfüllt.

ICH BIN
die Auferstehung und das Leben
in diesem Körper, gerade jetzt!

Der ***Eine*** Gott alleine ist das Leben. ***Er alleine IST*** die Auferstehung! Seine Gegenwart rufst du herbei, um deinen Körper zu beleben. Eine der mächtigsten und tiefsinnigsten Affirmationen überhaupt. Versuche ihre tiefe Wahrheit zu ergründen. Das ist einer der besten Wege, ihm näher zu kommen, indem du den Sinn und die Wahrheiten in den ***ICH BIN*** Affirmationen zu ergründen versuchst.
Mit dieser Affirmation rufst du Gott dazu auf, deinen Körper neu zu beleben, denn ***Er*** alleine hat die Kraft und die Macht dazu.

Auch wenn viele Ursachen und Wirkungen, die zu körperlichen Beschwerden und Problemen im Gemüt führen, schon wieder gutgemacht worden sind, kann die missqualifizierte Energie, die damit im Zusammenhang steht, noch in oder an dir festhängen. Auch andere Geistkörper können so noch an dir festhängen. Das liegt daran, dass du ihnen bisher keine Beachtung geschenkt hast.
Dein Bewusstsein muss sich noch einmal darauf richten, bevor sie gehen können. Sie wollen wahrgenommen und entlassen werden.
Sie können erhebliche körperliche Beschwerden verursachen und aus meiner Erfahrung weiß ich, dass sie immer und immer mehr Probleme verursachen, wenn wir sie ignorieren.
Wenn du also Beschwerden verspürst, seien sie körperlich oder im Gemüt, dann versuche folgende Auflösung.
Begib dich in die Ruhe und fühle in die Beschwerde hinein. Versuche den Schmerz oder die Störung und die damit im Zusammenhang stehende Energie gefühlsmäßig zu erfassen. Dann sprich zu der Energie bzw. dem Geistkörper:

Danke, ich segne dich,
ich vergebe mir und ich vergebe dir!
Bitte vergib auch du mir.

ICH BIN
die mächtige, alles verzehrenden Flamme, die alle heutigen und vergangen Irrtümer all meiner äußeren Selbste mit Ursache und Wirkung und allem unerwünscht Erschaffenem ganz und gar aufzehrt.

In sehr vielen Fällen genügt das, um die Restwirkungen zu erlösen. Der Körper kann sich anschließend selbst heilen. Es ist sinnvoll, die Aufgestiegenen Meister und die Engel, wie zuvor beschrieben, zu bitten, den Körper zu heilen.
Sollte dies nicht sofort gelingen, dann liegt das nicht etwa daran, dass die Affirmation nicht funktioniert, sondern vielmehr daran, dass es viele Energien sind, die noch an dir festhängen. Wiederhole dann den Vorgang täglich mehrfach, bis alle Energien erlöst sind. Gelingt dies weiterhin nicht, dann sind noch Ursachen vorhanden, die bisher nicht erkannt wurden und diese Energien immer wieder neu erzeugen bzw. die fremden Geistkörper anziehen.
Falls es dir widerstrebt, dich bei den Energien bzw. Geistkörpern, die zu deinen Schmerzen führen, zu bedanken, bedenke, dass du die Situation erschaffen hast. Sie zeigen dir lediglich deine eigenen Irrtümer auf, nicht mehr und nicht weniger. Sie sind nicht gemein oder böse, sie sind einfach hier, weil du sie erschaffen hast.
Sich selbst zu vergeben, ist ein ganz großer wichtiger Aspekt bei der Selbstheilung. Wenn du dir für

deine Irrtümer aus der Vergangenheit nicht vergeben kannst oder willst, blockiert du die Selbstheilung enorm.

***Hiermit vergebe ich mir selbst.
Ich vergebe mir alle Irrtümer, die ich jemals begangen habe. Ich weiß, sie waren für meine Entwicklung nötig und ich werde alles wieder gut machen, was von nun an auf mich zu kommt!***

*ICH BIN
die Gegenwart
vollkommener Vergebung!*

Versuche deine Sichtweise auf die Vergangenheit zu verändern. Du wärst jetzt nicht hier an dieser Stelle mit diesem Buch in der Hand, wenn dein Leben ohne Irrtümer verlaufen wäre. Trifft das auf dich zu?
Ohne Ursache und Wirkung gäbe es keinerlei Fortschritt auf diesem Planeten. Nur dadurch, dass wir erkennen, welche Wirkungen unsere Ursachen erzielen, kann Wachstum und Bewusstsein entstehen. Bitte mache dir das ganz bewusst, es ist wichtig. Es ist auch wichtig zu erkennen, dass dies für alle Menschen gilt. Sie setzen täglich und fortdauernd Ursachen und erzielen Wirkungen.
Da nicht alle Menschen in der gleichen Abstimmung (Bewusstsein, soziale Kompetenz und

Herzensqualitäten zusammen genommen) sind, setzen sie auch gemäß ihrer ganz eigenen Abstimmung bestimmte Ursachen. Das ist die große Herausforderung auf diesem Planeten, alle Abstimmungen leben gemeinsam auf der Erde.
Vielleicht ist das die größte Herausforderung überhaupt hier auf diesem Planeten?
Wenn du also jemanden beobachtest, wie er gemäß seiner Abstimmung Ursachen setzt und vielleicht aus deiner Sicht Irrtümer begeht, richte nicht über ihn. Auch du warst einmal in der gleichen Abstimmung und hast die gleichen Irrtümer begangen.

Ich entschuldige mich bei allen Menschen, über die ich jemals geurteilt habe. Ich erkenne jetzt, dass jeder Mensch nur gemäß seiner Abstimmung handeln kann. Ich bitte alle diese Menschen hier und jetzt um Vergebung.
Danke!

ICH BIN
die Gegenwart
vollkommener Vergebung!

Verstehst du? Sie konnten nicht anders handeln in dem Moment, indem sie es taten. Das geschieht unentwegt, in jeder Sekunde millionenfach, und mit jeder erzielten Wirkung wächst die Abstimmung eines jeden Menschen ein kleines oder

manchmal auch ein großes Stück. Irgendwann in einigen Jahrhunderten werden alle aus dem Keller hochgekommen sein in das Erdgeschoss, dann in die erste Etage, usw., bis auch der letzte Mensch im Dachgeschoss angekommen ist.
All dies zu verstehen, zu akzeptieren und anzunehmen und vor allem, das Beste daraus zu machen, auch das ist Selbstheilung!

Zur Selbstheilung gehört es auch, in der Lage zu sein, sich selbst von Besetzungen zu befreien. Ich hatte es zuvor schon einige Male erwähnt. Auch die Ursachen, die dazu führen, hast du selbst gesetzt. Du kannst dich als Opfer betrachten, weil du vielleicht darunter leidest. Bedenke aber, dass du nur aus Unkenntnis leidest. Und auch die Ursachen deiner Unkenntnis liegen nur bei dir. Leg das Opferdasein ganz und gar ab und nimm die Macht an, die in Form deiner ***ICH BIN*** Gegenwart in dir schlummert.

ICH BIN
jetzt bereit die Kraft des ICH BIN in mir voll und ganz anzunehmen und sie zum höchsten Wohle für mich und andere einzusetzen!

Nach allem, was du jetzt weißt, bekommst du nach und nach eine Ahnung davon, welche Macht du wirklich besitzt. Dazu gehört es auch, sich selbst zu heilen und sich auch den eigenen Besetzungen zu stellen.

Ich unterscheide diese Problematik der Besetzungen grob in folgende Typen, da gibt es natürlich auch Mischformen, aber diese grobe Einteilung genügt, um davon ein besseren Verständnis zu bekommen:

Typ 1: Wenn du dich einem Vollrausch durch Alkohol oder Drogen hingegeben hast, dann zieht das zu 100% Besetzungen nach sich. Hier spreche ich auch von Besetzungen. Es sind Menschen bzw. deren Geistkörper, die ihr Heim in einer dunklen astralen Sphäre gefunden haben. Sie wollen die körperlichen Freuden genießen, nicht mehr und nicht weniger. Sobald der Mensch die Kontrolle über seinen Körper verliert, also bei einem Rausch durch Drogen, stehen sie bereit, um die Kontrolle zu übernehmen. Sie schlüpfen in deinen ungeschützten physischen Körper. Die Anzahl der Besetzungen, die ein menschlicher Körper aufnehmen kann, unterliegt keinen Begrenzungen.
Diese Besetzungen werden versuchen, den Menschen mehr und mehr zu kontrollieren. Dabei geht es ihnen hauptsächlich um Alkohol, Essen, Sex und Genusssucht jeglicher Art.

Typ 2: Auch hier geht es wieder um Besetzungen durch Geistkörper aus den niederen Sphären. Diesmal jedoch besetzen sie einen Körper, weil der inkarnierte Mensch mit ihnen karmische Verstrickungen hat, entweder durch Ursachen aus früheren Inkarnationen oder durch ungelöste Problematiken in diesem Leben mit einem Geist, der erst kürzlich hinübergewechselt ist. Auch sie versuchen, den Menschen zu beeinflussen und die Kontrolle über die Handlungen und den Körper zu bekommen. Sowohl Typ 1 als auch Typ 2 sind sich bewusst über das, was sie tun, deshalb nenne ich sie Besetzungen.

Typ 3: Auch hier sind es Geistkörper. Diese können jedoch sowohl von inkarnierten Menschen als auch von nicht inkarnierten Menschen sein. Dieser Typ hat kein Interesse daran, den Menschen zu kontrollieren. Er ist einfach da, weil die karmischen Verstrickungen ihn angezogen haben. Dieser Typ ist nicht sehr bewusst, sonst könnte er aus freiem Willen den Wirt verlassen oder Gott um Hilfe bitten, um aus dieser Lage befreit zu werden. Das tut er aber nicht, eben weil ihm das Bewusstsein und der Glaube fehlt.
Tatsächlich kann man von Menschen belagert werden, die inkarniert sind. Diese sind nicht in der Lage, sich selbst mit genügend Energien zu versorgen und zapfen dann die Energien derer an, bei denen eine karmische Verbindung besteht.
Man könnte also sagen, dass sie den Menschen nicht besetzen, sondern belagern, um von seinen Energien zu zehren.

Typ 4: Hier geht es dann nicht mehr um Geistkörper von Menschen, die einen physischen Körper belagern oder besetzen, sondern um andere Arten von Energiewesen. Ich werde nicht in die Details gehen, denn es spielt prinzipiell keine Rolle, wie und warum sie jemanden belagern. Wichtig ist hier nun, dass man weiß, dass es sie gibt, und dass man sie erlösen kann.

Die Befreiung von Besetzungen kann einfach sein, kann sich jedoch in Einzelfällen als langwierige, anstrengende Geschichte gestalten. Ich selbst hatte alle Typen in reichlicher Anzahl angesammelt, sonst könnte ich hier nur von Theorien schreiben. Hier ist es nötig, entweder sehr feinfühlig für den eigenen Körper und die eignen Energien zu sein oder hellsichtige Wahrnehmungen zu haben. Fehlt beides, dann kann man auch durch sehr achtsames Beobachten des eigenen Verhaltens auf Besetzungen schließen.
Ich erinnere mich sehr gut an eine Zeit, in der ich viel Rotwein getrunken habe. Ich spürte dann ein großes Verlangen in meinem Hals und mein Gefühl sagte mir, nur ein Glas Wein könne das befriedigen. Ich trank also ein Glas, um dieses Verlangen zu befriedigen.
Dieses Verlangen und der Drang, es zu befriedigen, war oft so stark, dass ich richtig grantig wurde, wenn kein Rotwein im Haus war. Zur Not tat es dann auch ein Magenbitter oder Whisky, Hauptsache es war Alkohol drin.
Glücklicherweise hatte ich jedoch dabei immer die Kontrolle bzw. den Willen, über eine bestimmte Menge nicht hinauszugehen, weil ich wusste, dass ich dann die Kontrolle verlieren würde und ich war

mir damals schon der Konsequenzen bewusst.
Irgendwann saß ich wieder da und das Verlangen nach Rotwein wurde sehr stark. Jedoch in diesem Augenblick wurde mir schlagartig bewusst, warum dies so war. Mein Geistführer hat es mir eingeben, das weiß ich heute. Plötzlich wurde es mir glasklar und ich konnte die Besetzung, die das Gefühl verursachte, aufspüren und mich von ihr befreien. Nach und nach lernte ich, mich selbst immer besser zu beobachten und fast alles, was zu für mich untypischem Verhalten führte, auf Besetzungen zurückführen.
Hier sollte man beachten, dass Zigaretten, Drogen, Alkohol und diverse Tabletten zu körperlichen Abhängigkeiten führen. Diese werden zusätzlich massiv von den Besetzungen befeuert - gerade auch dann, wenn man versucht davon loszukommen.
Achtsamkeit ist der Schlüssel, auch ohne hellsichtige Fähigkeiten Besetzungen aufzuspüren. Man sollte sich immer fragen, wer das ist, der dieses oder jenes jetzt will? Wer löst jetzt dieses Verlangen aus, bin ich das oder jemand anders?
Da ich damals den Typ der Besetzung nicht ermitteln konnte und ich diese einfach nur loswerden wollte, habe ich alles, was ich bis dahin wusste, affirmiert und jeden Meister und Engel um Hilfe gebeten. Das half nicht immer, denn ich vergaß dabei einfach, mich bei den Besetzungen zu bedanken und vor allem, sie nicht als böse und feindselig anzusehen. Man könnte sagen, ich kämpfte damals gegen sie, anstatt ihnen und mir zur Erlösung zu

verhelfen.
An dieser Stelle gibt es vielleicht den ein oder anderen, der jetzt denkt, dass er nicht beeinflussbar ist, selbst wenn er eine Besetzung hat.
Vor zwei Jahren, als ich die neuen Räume bezog, musste ich Stromkabel für die Küche verlegen. Da ich in meinem ersten Beruf Elektriker gelernt habe, verlegte ich die Kabel selbst. Dazu musste mit Hammer und Meißel ein Schlitz in die Wand geklopft werden. Ich stand also da, an die Wand gelehnt, und schlug mit einem 2,5 kg Hammer auf den Meißel. Dabei dachte ich über Besetzungen nach, speziell über eine, die ich seit ein paar Tagen wahrnehmen konnte. Dabei sagte ich mir selbst, dass diese Besetzung ja keinerlei Macht über mich und meinen Körper hat und ich deshalb noch bis nach der Verlegung der Kabel mit der Erlösung warten könne. Da sagte die Besetzung zu mir: „Ich zeige dir jetzt mal, welche Macht ich über deinen Körper habe.“ Dann erhob sich mein rechter Arm mit dem Hammer und schlug mir mit voller Kraft auf das linke Schienbein.
Nachdem irgendwann der Schmerz einigermaßen erträglich wurde, erlöste ich diesen Geistkörper. Später habe ich mich dann für diese Demonstration bedankt. Seit diesem Ereignis weiß ich, wozu Menschen fähig sein können, wenn sie aggressive Besetzungen haben.

Wenn du eine Vermutung hast, dass da eine Besetzung am Werk ist, dann versuche sie gefühlsmä-

ßig zu erfassen. Das bedarf sicher einiger Übung, aber du wirst damit schnell klar kommen und dein Gefühl wird immer feiner werden. Beginne damit, dir Hilfe zu holen. Suche dir von den aufgeführten Varianten die für dich passende aus. Ich führe verschiedene auf, damit jeder Mensch die benutzen kann, die er gefühlsmäßig erfassen kann.
Variante 1:

ICH bitte
die Aufgestiegenen Meister und
Meisterinnen um Schutz und Hilfe,
jetzt und für alle zukünftigen
Herausforderungen in meinem Leben.
Danke!

Variante 2:

ICH BIN
die sichtbare Gegenwart jener
geliebten Aufgestiegenen Meister und
Meisterinnen, deren Beistand ich erbitte und
von denen ich mir wünsche, sie mögen mich
jetzt allumfassend beschützen, leiten
und unterstützen.
Danke!

Damit hast du nun auf jeden Fall umfassende Hilfe und genügend Helfer für die bevorstehenden Herausforderungen. Als nächstes bedanken und segnen wir die Besetzung, denn wir haben sie durch unser Verhalten - wie und wo auch immer - an uns gebunden oder gezogen. Dadurch erkennen wir an, dass sie ein geliebtes Kind Gottes ist wie wir selbst und keinesfalls etwas Böses oder gar unser Feind.

ICH danke dir, ich segne dich, ich vergebe dir! Ich vergebe mir, bitte vergib auch du mir.

Ich konnte dutzendfach erleben, wie alleine dadurch schon viele Geistkörper erlöst wurden und dann durch einen Aufgestiegenen Meister in ihre Sphäre gebracht werden konnten. Die Kraft und Erlösung, die in der Vergebung liegt, übersteigt das Maß unseres Bewusstseins. Eine Vergebung, die tief aus dem eigenen Herzen kommt, löst oft die dicksten karmischen Verstrickungen umgehend auf.
Manchmal liegen einer Besetzung jedoch Gelübde, Eide, Schwüre, Verträge usw. zu Grunde, die gelöst werden müssen, bevor der andere Geistkörper seines Weges ziehen kann. Bevor ich nun jedoch alles Mögliche widerrufe und dann eventuell das, was nötig war, doch nicht ausgesprochen habe, überlasse ich das meiner ***ICH BIN*** Gegenwart.

Geliebte, allmächtige ICH BIN Gegenwart, ich bitte dich, sprich in meinem Namen zu diesem Wesen, sprich alles, was nötig ist, damit alles gelöst werden kann und zwischen uns nur noch

Frieden herrscht. Tu in meinem Namen alles, was nötig ist, damit dies geschehen kann und dieser Geist mein äußeres Selbst jetzt und für alle Zeiten verlassen muss. Danke!

Die *ICH BIN* Gegenwart kann wirklich alles überblicken und deshalb auch alles sagen und tun, was zu dem gewünschten Frieden führen wird. Wozu soll ich mir seitenlange Affirmationen merken und nachsprechen, wenn ich doch einfach die Kontrolle an meine Seele übergeben kann und so das Gewünschte erreicht wird? Jede Besetzung, gleichgültig um welchen Typ es sich handelt, schadet dem Körper und dem eigenen Gemütszustand. Deshalb ist es sinnvoll, auch an die Heilung des Körpers zu denken, nachdem die Besetzung erlöst wurde. Variante 1:

Ich bitte die Aufgestiegenen Meister und Meisterinnen, die auf dem Heilungsstrahl dienen, meinem äußeren Selbst alle Energien zukommen zu lassen, die es jetzt zur Heilung benötigt. Danke!

Variante 2:

ICH BIN
die Auferstehung und das Leben,
in diesem gesamten äußeren Selbst,
gerade jetzt!

Damit hast du nun alle Werkzeuge in der Hand, um deine Selbstheilung voranzubringen.
Alle Antworten und alle Lösungen liegen in dir. Umso weiter du in deinem bewussten Sein voranschreitest, umso klarer wird dir das werden und irgendwann wirst du alle deine Probleme mit Hilfe deiner ***ICH BIN*** Gegenwart lösen können. Das ist auch der Wunsch und das Ziel, auf das deine Geistführer, die Aufgestiegenen Meister und Meisterinnen und die Engel hinarbeiten. Sie wünschen sich, dass du zum Schöpfer deiner Realität wirst und Gott in deinem Herzen erwacht!
Grundsätzlich gibt es keine Erkrankung oder Blockade, die du nicht mit Hilfe deiner ***ICH BIN*** Gegenwart erlösen könntest.
Vieles hängt allerdings mit deiner Intuition bzw. deinen hellsichtigen Fähigkeiten zusammen. Wenn diese bei einem Menschen noch nicht so stark entwickelt sind, muss er sich Hilfe bei anderen Menschen suchen, daran führt dann kein Weg vorbei. Jedes Buch kommt an diesem Punkt an seine Grenzen. Alleine durch das Wissen und die Werkzeuge, die es vermitteln kann, sind nicht alle Probleme zu erkennen und zu lösen.
Wenn du dich jedoch auf deinem Lebensweg dem ***ICH BIN*** zuwendest und mutig und mit Ausdauer die Affirmationen benutzt, dann wird sich dein Leben in allen Bereichen zum Besseren wandeln, das versichere ich dir!

Sterbebegleitung

Die meisten Menschen müssen sich irgendwann von einem ihrer Lieben, rein körperlich betrachtet, verabschieden. Du weißt, dass der Geistkörper sich vom physischen Körper trennt und dieser dann von lieben Helfern, gemäß seiner Abstimmung, in eine Sphäre im Jenseits gebracht wird.
Meist ist das bei den Menschen im Sterbeprozess nicht im Bewusstsein. Die allermeisten Menschen haben keine Vorstellung von diesen Abläufen und die Angst vor diesem Prozess ist die vorherrschende Energie.
Das ist sehr bedauerlich und kann nur geändert werden, indem du damit beginnst, dich selbst damit auseinanderzusetzen und auch evtl. dieses Wissen deiner Familie vermittelst, wenn sich die Gelegenheit bietet. Sie bietet sich immer dann, wenn ein naher Verwandter hinübergeht und die Kinder Fragen stellen. Hier sollte man sich unbedingt die Zeit und Geduld nehmen, den Kindern und auch gerne den beteiligten Erwachsenen alles das zu berichten, was man selbst schon weiß.
Genau dieses Wissen sollte man auch dem Lieben, dessen Körper im Sterben begriffen ist, erzählen. Gib ihm so viel Zuversicht und Hoffnung wie möglich, auf eine schöne Welt, die sich ihm nach dem Tod des Körpers eröffnet.
Berichte ihm von den lieben Helfern, die den Geistkörper dann abholen und den Menschen liebevoll begleiten in das warme, helle Licht.

Dort trifft er seine Lieben wieder, die schon zuvor hinübergegangen sind und es gibt ein großes Willkommensfest.
Es ist ganz wichtig, dass der Mensch, dessen Körper im Sterbeprozess ist, positiv über das, was da kommt, denkt. Versuche alles, um seine Angst zu lösen, damit der Übergang dann so problemlos wie möglich von statten gehen kann.
Sicher ist es auch möglich, von der Gegenwart Gottes im eigenen Herzen zu berichten. Ob und wie weit du da gehen kannst, musst du dann selbst entscheiden.

Geliebte, allmächtige ICH BIN Gegenwart,
ich bitte dich, gestalte den Übergang für
diesen Menschen so harmonisch wie möglich.
Danke!

Wie sich der Übergang dann gestaltet, hängt in großem Maße von dem Menschen selbst ab. Wie hat er gelebt? Wie bewusst war er? Geht er in Frieden? Glaubt er an Gott? Gibt es da noch Dinge, die er erledigen wollte, kann er sie loslassen?

Mit obiger Bitte an die Gegenwart Gottes und deinen eigenen Gebeten für diesen Menschen kannst du die Harmonie und die positiven Schwingungen in diesem Prozess stark verbessern.
Ein indirektes, orangenfarbiges Licht verstärkt die Harmonie noch. Von Musik rät die ***ICH BIN*** Gegenwart ab, denn der Mensch sollte in diesem Prozess

so nah wie möglich bei sich selbst bleiben.

Wenn du noch nicht mit diesem Menschen ganz und gar im Reinen bist, dann ist das die letzte Gelegenheit, diese Dinge anzusprechen und zu klären. Verschiebe das nicht, denn es gibt Dinge, die kannst du nur von inkarniertem Mensch zu inkarniertem Mensch klären. Wenn du das verpasst, wirst du eventuell Jahre damit hadern und ihr müsst euch in einer kommenden Inkarnation erneut treffen, um diese Dinge aufzulösen. Nutze nun all dein Wissen und dein Bewusstsein, um alles, was noch im Unfrieden zwischen euch ist, anzusprechen, zu erlösen und zu vergeben.

ICH BIN
die Kraft, die Harmonie erschafft!

ICH BIN
die Gegenwart, die jedermanns Tätigkeit,
die heute mein Leben betreffen soll, beherrscht!

Zwei Affirmationen, die dich bei dem klärenden Gespräch sicher unterstützen werden. Bitte bedenke dabei immer, gerade auch dann, wenn dieser Mensch dir sehr nahe steht, dass er gemäß seiner Abstimmung gehandelt hat, und dass ihr in diesem Leben verbunden seid, weil es etwas aufzulösen gab oder gibt.

Das große Schreckgespenst Krebs

Ich widme dem Thema Krebs ein eigenes Kapitel, weil diese Diagnose täglich so viel Schrecken verbreitet. Ich will hier versuchen, dieses Schreckgespenst zu vertreiben.
Ich konnte es gerade erneut im Bekanntenkreis beobachten, was diese Diagnose auslösen kann. Dass der Betroffene nicht gleich eine Schaufel gekauft hat, um sich damit sein Grab selbst zu schaufeln, hat mich schon fast gewundert. Bei vielen Menschen löst die Diagnose eine Art Reflexreaktion aus, die jeden Lebensmut auf Null sinken lässt. Der Verstand „nudelt" dann zusätzlich noch alle möglichen Szenarien durch und am Ende sehe ich einen kräftigen, bis vor wenigen Stunden völlig gesunden Menschen, der den Eindruck vermittelt, morgen zu sterben.
Wenn diese Reaktion nicht so bedauerlich wäre, man könnte fast darüber lachen. Auf jeden Fall aber wundern über das, was da geschieht.
Natürlich wird dieses Verhalten hauptsächlich durch die Unkenntnis über die Ursachen und die Angst vor dem Tod ausgelöst.

Die Entstehung von Krebs unterscheidet sich nicht von anderen Krankheiten. Es gibt also Ursachen und Wirkungen, die dazu führen, dass Zellen entarten und sich diese Entartung ausbreitet. Wie jede andere Krankheit auch bietet Krebs die Möglichkeit, Erkenntnisse über den wahren eigenen

inneren Zustand zu gewinnen und die Gelegenheit, sich daraus zu befreien. Alle Ursachen, die zu einer Krebserkrankung führen können, möchte ich hier nicht auflisten. Ich will mich daher auf die häufigsten Ursachen beschränken.
Die größten Anlagen, die diese Krankheit begünstigen, die wahren Prädispositionen sind: Furcht bzw. Ängste, Trägheit, Gefühlserregbarkeit und die grundsätzliche Einstellung zum Leben und die Lebensweise selbst.

Ein Mensch, der in der ständigen Angst lebt, dass das Einkommen nicht ausreicht und er nicht über die Runden kommt, ist anfälliger für Krebs als ein Mensch, der im Vertrauen durchs Leben geht, dass es immer reicht und er versorgt ist.

Ein Mensch, der sich über alles aufregt, schimpft und die Welt als feindlich betrachtet, wird häufiger Krebs bekommen als ein Mensch, der friedvoll durch Leben geht und die Welt als Wunderwerk Gottes betrachtet.

Ein Mensch, der sich zu keinem Tun aufraffen will oder kann, der alle Herausforderungen aussitzt oder ignoriert, der keinen Sinn in seinem Tun erkennt, der ist anfälliger für Krebs als ein Mensch, der sich mutig allen Herausforderungen des Lebens stellt und sein Leben lebt und nicht nur hinnimmt.

Ein Mensch der alles negativ betrachtet, sich selbst, das Handeln der Menschen um ihn herum und die Welt an sich, der ist sehr anfällig für Krebs.

Jahrelange unterdrückte Gefühle, innere Konflikte, Schuldgefühle, emotionale Verletzungen, die nicht verarbeitet wurden, Kummer, aber auch Hass, Anspannung usw., eben alle lange schwelenden Emotionen jedweder Art schwächen den Körper und das eigene Leben dermaßen, dass Krebs erscheint und eben auch darauf hinweisen möchte, dass da etwas schon lange schief läuft.

Diese Beispiele sollen hier genügen, ich denke, es ist klar, worauf ich hinauswill. Dies alleine genügt natürlich noch nicht, um eine Krebserkrankung zu bekommen.
Auch Menschen, die in ihrer Entfaltung unterdrückt werden, besser ausgedrückt, sich unterdrücken lassen, sind sehr gefährdet. Hier stauen sich dann die Emotionen und Kräfte auf, bis es keinen anderen Ausweg mehr für den Körper gibt, als mit dem Zerfall oder der Entartung von Zellen zu antworten. Meist sind es dann hier die oben angeführten Prädispositionen, die einen Ausbruch aus der Lebenssituation verhindern oder erschweren.
Einfacher ausgedrückt, ein Mensch, der sich nicht leben kann, aus welchen Gründen auch immer, ist viel anfälliger für Krebs als ein Mensch, der sein Leben lebt, so wie es seine Seele möchte.
So könnte man Krebs auch als das große Stoppschild

der Seele betrachten, das dazu auffordert, stehen zu bleiben und mal zu schauen, was hier überhaupt los ist im eigenen Leben.

An dieser Stelle fällt mir noch ein wichtiger Aspekt ein. Die Lokalisation der Beschwerden, Symptome und Tumore haben immer einen direkten Bezug zu den Ursachen. Das trifft nicht nur auf Krebs zu, sondern auf alle Problematiken.
Wenn ich also ein Problem im Geschlechtsbereich oder mit der Sexualität habe, dann liegen auch dort die Ursachen. Dann hat das Karma womöglich etwas mit sexuellem Missbrauch irgendeiner Art und Weise zu tun.
Wenn der rechte Arm schmerzt, wenn man ihn anhebt, dann liegt das womöglich darin begründet, dass ich oft schon die eigene Macht missbraucht habe.
Wenn ich schlecht sehe, dann vielleicht, weil ich immer weggesehen habe, wenn ein Unrecht geschah.
Das ganze funktioniert deshalb so, damit man auch herausfinden kann, was denn die Ursache tatsächlich sein könnte, auch wenn man über keine hellsichtigen Fähigkeiten verfügt.

Es gibt bereits einige Bücher, die sich genau mit dieser Thematik befassen und explizit auflisten, wie die Ursachen mit den Beschwerden zusammenhängen.

Ein weiterer großer Aspekt, der zu Krebs führen kann, ist in unserer heutigen Gesellschaft und der Art und Weise begründet, wie wir leben. Jeder Mensch strahlt unentwegt Energien in Form von Gedanken, Emotionen und Schwingungen aus. Lebt man auf dem Land, ist man täglich nur wenigen Menschen und deren Energien ausgesetzt. Lebt man in der Stadt oder arbeitet man in einer großen Firma, sieht das schon anders aus. Liebt man es, in Shopping-Centern unterwegs zu sein oder an ähnlichen Orten, an denen viele Menschen sich auf engem Raum aufhalten, dann ist man sehr vielen Energien ausgesetzt.
Umso häufiger man sich also in großen Menschenmengen aufhält, umso mehr Energien muss das eigene System verkraften.
Wenn nun, aus karmischen Ursachen heraus, das eigene System geschwächt ist, dann muss es sich mit diesen vielen Energien auseinandersetzen, bis es dann irgendwann zusammenbricht.
Ich will hiermit auch sagen, dass Krebs an sich keine karmischen Ursachen hat, das Ausbrechen dieser Krankheit jedoch schon. Es ist also quasi eine Folgeerscheinung von karmischen Ursachen. Die genannten Prädispositionen können karmischen Ursprungs sein oder einfach der Abstimmung des Menschen entsprechen.

Ein letzter Aspekt, den ich aufführen will und den ich auch schon beobachten durfte, betrifft den Lebenswillen eines Menschen. Ich erinnere mich gut an eine Klientin, deren Lebenswille dermaßen gebrochen war, dass Krebs ausbrechen konnte, einfach dadurch, dass sie ihren eigenen Ausweg aus dem Dilemma nur im Tod sah. Ein Ereignis in ihrem Leben war so schockierend für sie, emotional so aufwühlend, dass sie das nicht verarbeiten konnte. Ihr Lebenswille war gebrochen, dazu kam das Gefühl wertlos zu sein und nicht mehr gebraucht zu werden. Eine sich schnell ausbreitende Krebsart führte dann schnell zum Sterben des physischen Körpers.

Merkwürdigerweise verschließen sich gerade Menschen mit einer Krebserkrankung den geistigen Heilmethoden, auch, wenn sie zuvor dafür offen waren. Plötzlich muss es der Chirurg richten, das „Problem" muss rausgeschnitten und bekämpft werden, besser heute als morgen. Nur endlich diesen Krebs loswerden, ist die Devise. Der Mensch denkt, er bräuchte sich dann nicht mehr mit den Themen, die dazu geführt haben, zu befassen! Alles kann weiterhin so bleiben und der Mensch muss nichts ändern, kann in seiner gewohnten Wohlfühlzone bleiben. Das ist ein großer Irrtum.

Die Ursachen, die zu dem Ausbruch geführt haben, müssen abgestellt werden. Gleichgültig für welche Therapiemethode du dich entscheidest, wenn du die Ursachen nicht bewusst machst und abstellst, wird der Krebs zurückkehren. Ergründe die Ursachen, die dazu geführt haben. Wenn du

nicht alleine dahinter kommst, hole dir Hilfe.
Wie kann denn nun Heilung bei Krebs geschehen? Nun, wie bei jeder anderen Krankheit auch. Folgende Affirmationen weisen dir den Weg.

ICH BIN
das volle Erfassen
und Verstehen dieser Krankheit!

ICH BIN
die Erkenntnis all der Ursachen
und Wirkungen, die dazu geführt haben!

Diese Affirmationen sind der Schlüssel zu Erkenntnis und Heilung. Wenn du betroffen bist, solltest du sie drei mal täglich sprechen. Richte dabei deine Aufmerksamkeit in dein Herzchakra.
Gerne darfst du sie mit anderen Affirmationen ergänzen und dir so eine tägliche Liste zusammenstellen, die genau für dich und deine Situation passt.
Die folgenden Affirmationen sind die gleichen wie im Kapitel Selbstheilung und auch hier gilt das Gleiche, wie bei allen anderen Krankheiten: Kämpfe nicht dagegen an, sondern akzeptiere sie und nehme sie an als Geschenk, das dir ermöglicht, deine Themen aufzulösen und in deiner Abstimmung zu wachsen!
Jeder Kampf, jede Ablehnung einer Krankheit nährt sie mit Energie - was ja genau das Gegenteil von

dem ist, was wir erreichen wollen. Deshalb sind auch Plakate wie „Kampf dem Krebs“ völlig kontraproduktiv. Vielmehr braucht es Aufklärung wie „Verstehe den Krebs“. Dies geschieht zum Glück bereits - noch nicht so auf großen Plakaten, aber immer häufiger in kleinerem Rahmen.

ICH BIN
die volle Akzeptanz und Annahme
dieser Krankheit.

ICH BIN
die Gegenwart, die alle Ursachen und
Wirkungen, die damit in einem Zusammenhang
stehen, erkennt und abstellt.

ICH BIN
unüberwindlich geschützt,
gegen jede unvollkommene Einwirkung.

ICH BIN
die Gegenwart
vollkommener Gesundheit.

ICH BIN
die Auferstehung und das Leben,
in allen Zellen meines Körpers, gerade jetzt!

Ohne deine aktive Bewusstseinsarbeit und ohne in deinem Leben etwas zu ändern, in der Art, wie ich es zuvor aufgeführt habe, wird es schwer sein, ganz heil zu werden.

Wichtig in dem Heilungsprozess ist es, dem Krebs jegliche Aufmerksamkeit und Energie zu entziehen. Lege nicht die Hände in der Absicht der Heilung auf die befallen Stellen, sonst fließt den kranken Zellen Energie zu, was wieder kontraproduktiv wäre. Die Konzentration sollte sich auf das gesunde Gewebe, welches die befallen Stellen umgeben, richten.
Dieses gesunde Gewebe, das um den Krebs herum liegt, muss stimuliert und mit Energie versorgt werden. Dadurch wird es gestärkt und geschützt und kann das erkrankte Gewebe nach und nach absorbieren. Dann ist es auch so stark, dass nicht der umgekehrte Fall eintreten kann.
Gedanken sind auch Energie. Deshalb richte deine Gedanken und deine Aufmerksamkeit auf die schönen Dinge des Lebens, lasse es dir gut gehen, lass auch mal die Anderen etwas für dich tun. Es ist auch ratsam, nur wenigen Vertrauenspersonen von deiner Erkrankung zu berichten. Die Gedanken der anderen Menschen wirken ja auch auf dich. Wie schon zuvor gesagt, verbinden die meisten Menschen die schlimmsten Gedanken mit dem Krebs. Du möchtest sicher nicht, dass diese dann auf dich gerichtet werden, was definitiv geschieht, wenn du vielen Menschen davon berichtest. Dies

wäre in großem Maße kontraproduktiv, denn sie stülpen dir ihre Ängste und Leidthemen über!
Wenn du das Bedürfnis hast, darüber reden zu wollen, um vielleicht Erleichterung zu erfahren, dann sprich bitte nur mit Personen, die dich aufbauen, stärken, positiv denken und mit deinem Geistführer, einem Engel oder mit dem ***Einen*** Gott. Sie hören dir wirklich sehr genau zu und sie spenden dir Trost, sie verstehen dich und stellen sich tröstend und aufbauend an deine Seite.

Sterben von Kindern, Totgeburt, Fehlgeburt

Viele Mütter und Väter, die ein Kind verloren haben, fragen sich oft ein Leben lang, warum und wieso dies nur geschehen konnte oder warum Gott so etwas zulässt.

Ich bin mir der damit verbundenen Emotionen bei den Betroffenen voll bewusst, werde dieses Thema hier aber so emotionslos und nüchtern wie möglich erklären.

Die kosmischen Wirkprinzipien sind einfach. Sie fragen nicht nach Emotionen. Wirkungen geschehen gemäß den Ursachen, die jeder Mensch selbst gesetzt hat. Alle Ursachen und Wirkungen der betroffenen Menschen spielen dabei eng zusammen, sind miteinander verwebt, greifen ineinander über. Es gibt dabei keine Fehler und keine Zufälle!

Kinder kommen nicht frei von Karma auf die Welt. Sie haben von Geburt an ihre Themen in ihrem Koffer, wie jeder andere Mensch auch. Sie bringen die Abstimmung mit, die sie sich in ihren bisherigen Inkarnationen und in den Schulungen in den Sphären zu eigen gemacht haben. Sie selbst haben in ihren vielen Inkarnationen Ursachen gesetzt, deren Wirkungen sie nun erfahren müssen, damit diese Ursachen, das Karma, erlöst werden können.

Gleichzeitig kommen sie zu Eltern, die ihrerseits Ursachen über Ursachen gesetzt haben, die wiederum zu einer Wirkung führen müssen.

Dies alles kann dann dazu führen, dass ein Mensch

bereits in sehr jungen Jahren oder bereits kurz nach der Geburt wieder hinübergeht.
Das Kind kann dabei einen doppelten Nutzen ziehen. Es erlöst sein eigenes Karma und ermöglicht den Eltern, die Wirkungen ihrer Ursachen zu erleben.
Dadurch geschieht maximales Wachstum für alle Beteiligten. Zusätzlich werden die Eltern sich viele Gedanken über die Geschehnisse machen und eventuell dadurch spirituell erwachen. Sie werden zu Büchern greifen, die sie sonst niemals gelesen hätten. Sie werden mit Menschen zusammenkommen, die sie sonst niemals getroffen hätten. Sie werden Loslassen lernen und wachsen.
Ein Kind kommt nach dem Sterben seines Körpers in eine spezielle Sphäre für Kinder im Jenseits.
Dort ist es mit vielen anderen Kindern zusammen und wird von liebevollen Müttern und Vätern betreut. Binnen weniger irdischer Wochen wächst es zu einem Erwachsenen heran und wechselt dann in eine Sphäre, die seiner Abstimmung entspricht.

Auch bei Totgeburten und Fehlgeburten ist das nicht anders, mit dem Unterschied, dass das Sterben des physischen Körpers bereits vor der Geburt geschieht. So traumatisch alle diese Ereignisse für Mutter und Vater sein können, sie geschehen trotzdem gemäß der kosmischen Wirkprinzipien und sind daher von jedem Beteiligten selbst verursacht worden.
Ich will dazu ein Beispiel geben. Eine Mutter hat

eine oder mehrere Fehlgeburten. Sie wünscht sich so sehr ein Kind, aber alle Versuche, ein Kind auszutragen, scheitern.
Sie erfährt dadurch die Wirkungen der Ursachen, die sie im letzten Leben dadurch gelegt hat, dass sie mehrmals abgetrieben hat.
Sicher ist sie in dieser Inkarnation in einer höheren Abstimmung und würde eine gute Mutter werden, aber das Karma muss erlöst werden, auf die ein- oder andere Art und Weise.
Gelingt es weiterhin nicht, eine Schwangerschaft zu Ende zu bringen, könnte sie Pflegekinder aufnehmen oder Kinder adoptieren, wodurch wieder viel gutgemacht werden könnte.
Bei den Wirkungen geht es nicht um Bestrafung. Wer das glaubt, der hat das ganze Prinzip noch nicht verstanden. Es geht immer um Wiedergutmachung gegenüber den geschädigten Menschen, Tieren oder den göttlichen Gesetzen.
Die Kinder, die noch im Mutterleib sterben, haben ja eine Mutter gebraucht, um diese Wirkung erfahren zu können. Vielleicht haben sie in ihrer letzten Inkarnation eine schwangere Frau so geschlagen, dass es zu einer Fehlgeburt kam. So können sie nun die Wirkung ihrer Ursachen erfahren.
Dabei geht es immer um Wachstum, Entwicklung und Reifung, um ein Weiterkommen in der eigenen Abstimmung. Dies wird durch das göttliche Gesetz von Ursache und Wirkung sicher gestellt.
Dieses Wachstum geschieht so lange, bis der einzelne Betroffene nur noch liebevolle Ursachen, die

im Einklang mit dem ***Einen*** Gott sind, aussendet.

Hat eine Frau nun eine Fehlgeburt oder eine Totgeburt, dann kann sie natürlich auch die Ursachen erlösen. Sehr oft liegen diese darin, dass es zuvor, in diesem oder anderen Leben, zu Ablehnungen der Mutterschaft kam. Oder aber, es wurden ein oder mehrere Kinder in früheren Leben so schlecht behandelt, dass sie gestorben sind oder behindert wurden.
Auch der Verlust von Kindern durch Unfälle, Hunger oder sonstige Katastrophen kann solche Abwehrmechanismen erschaffen, dass ein Kind nicht ausgetragen werden kann.
Ich weiß, das klingt hart, aber man muss hier den Ursachen ins Auge sehen und die Konsequenzen daraus ziehen.
In dieser Inkarnation darf man ja alles besser machen, wiedergutmachen. Deshalb sind wir ja jetzt hier. Die Ursachen müssen erlöst werden und das geht nur mit Liebe und dem tiefen Wunsch, es wiedergutmachen zu wollen!

ICH BIN
die Gegenwart, die Licht und Liebe
in alle Ursachen und Wirkungen sendet,
die mit diesen Geschehnissen in einem
Zusammenhang stehen.

Licht und Liebe flutet daraufhin in diese Inkarnation und die dortigen Ereignisse. Licht und Liebe kann die Ursachen und Wirkungen erlösen, wenn mit reiner Absicht und aus tiefem Bedauern gehandelt wird, wovon ich hier einfach mal ausgehe. Dann sollte das Wort an die gerichtet werden, denen man den Schaden zugefügt hat.

Danke, ich segne dich,
ich bedauere die Geschehnisse aus ganzem Herzen und bitte dich um Vergebung!

Dann müssen die missqualifizierten Energien, die damit in einem Zusammenhang stehen und sich eventuell in dem eigenen Körper befinden, aufgelöst werden.

Geliebte, allmächtige ICH BIN Gegenwart,
ich bitte dich, befreie mich von allem,
was auch nur den geringsten Missklang
enthält, mit Ursache und Wirkung und
allem unerwünscht Erschaffenem.
Danke

Dann noch diese Affirmation, bei der man Gott bittet, er möge einem selbst noch einmal ein Kind anvertrauen.

Geliebter All-Einer,
ich bitte dich, vertraue mir erneut ein Kind an.
Ich verspreche, ich werde mich so liebevoll wie
möglich um dieses Geschenk kümmern.
Danke!

Diese vier Affirmationen sollten über mehrere Tage von Mutter und Vater gesprochen werden, denn bei solchen starken Wirkungen sind mit Sicherheit beide Partner an den Ursachen beteiligt. Sprecht sie so lange, bis ihr das Gefühl habt, dass nun alles erlöst ist. Wenn man es selbst nicht erfühlen kann, schlage ich vor, sie 3 Mal täglich über 21 Tage lang zu sprechen. Danach sollte man versuchen die Geschehnisse loszulassen, einen gewissen Abstand zu gewinnen, bevor man es erneut mit einer Schwangerschaft versucht.

Zusätzlich sollten Mutter und Vater sich gegenseitig vergeben, um auch diese Hürde aus den vergangenen Inkarnationen aus dem Weg zu räumen.

Danke, ich segne dich,
ich vergebe dir.
Ich vergebe mir.
Ich bitte dich um Vergebung.

Karmapyramide

Ich habe mich lange gefragt, nach welchem System das zu erlösende Karma auf uns zukommt. Ich habe mich noch länger gefragt, warum ich jetzt zum wiederholten Male die gleiche, zumindest gefühlt die gleiche Herausforderung vor mir habe. Warum kommen oft die gleichen Themen und sehr ähnliche Blockaden, auch körperliche Symptome immer wieder, obwohl ich sie doch schon ein paar mal aufgelöst habe?

Warum dringe ich nicht in einer Sitzung zum Kern des Problems durch, warum braucht das manchmal viele Sitzungen?

Die Antwort auf diese Fragen wurden mir beim Schreiben dieses Buches übermittelt. Mit der Grafik auf der folgenden Seite habe ich versucht, das Ganze bildlich darzustellen. Nennen wir diese Pyramide einfach mal Karmapyramide. Alle Ursachen, die wir in allen unseren Inkarnationen gelegt haben und die gegen die göttlichen Gesetze verstoßen haben, erzeugen Karma. Man könnte auch sagen, sie erzeugen Wirkungen, die uns nicht gefallen, die wir als negativ, störend oder schlecht betiteln. Dabei gibt es ein Prinzip, nachdem dieses Karma gespeichert und bearbeitet, also erlöst werden kann.

Da wir all unser Karma und alle Wirkungen niemals auf einmal tragen könnten, muss es eine Art Speicher und Abrufsystem geben.

Das Karma wird also gemäß der Schwere behandelt und zwar so, dass das leichte Karma oben und das schwerste Karma ganz unten abgelegt wird. Dabei werden Gruppen gebildet, sogenannte karmische Muster, links auf der Grafik als blaues Polygon mit der Bezeichnung „Natur zerstören“ dargestellt.
Hat dieser Mensch, zu dem diese Pyramide gehört, also einmal sinnlos die Natur zerstört, dann wird dies in der Spitze abgelegt, als einmaliges Karma.
Wiederholt der Mensch dies aber mehrfach, wird daraus ein karmisches Muster und wandert weiter nach unten, weil es immer mehr an Gewicht zunimmt. Der Mensch ist also zum Wiederholungstäter geworden und hat ein karmische Muster erschaffen.
Wenn er dann irgendwann damit beginnt, das Thema wiedergutzumachen, dann muss er sich von oben nach unten durcharbeiten, bis er an dem untersten Polygon ankommt, dort kann er dann dieses Karma komplett erlösen. Erst danach werden keine unliebsamen Wirkungen mehr von diesem Thema auf diesen Menschen wirken.
Wie jetzt diese Wirkungen und Auflösungen im Einzelnen aussehen, darauf brauche ich nicht im Detail einzugehen. Der Mensch wird immer wieder in Situationen kommen oder sich vielleicht sogar beruflich mit dem Thema Naturschutz beschäftigen, bis die Thematik aufgelöst ist, bis alles wiedergutgemacht wurde. Das kann sich dann unter Umständen

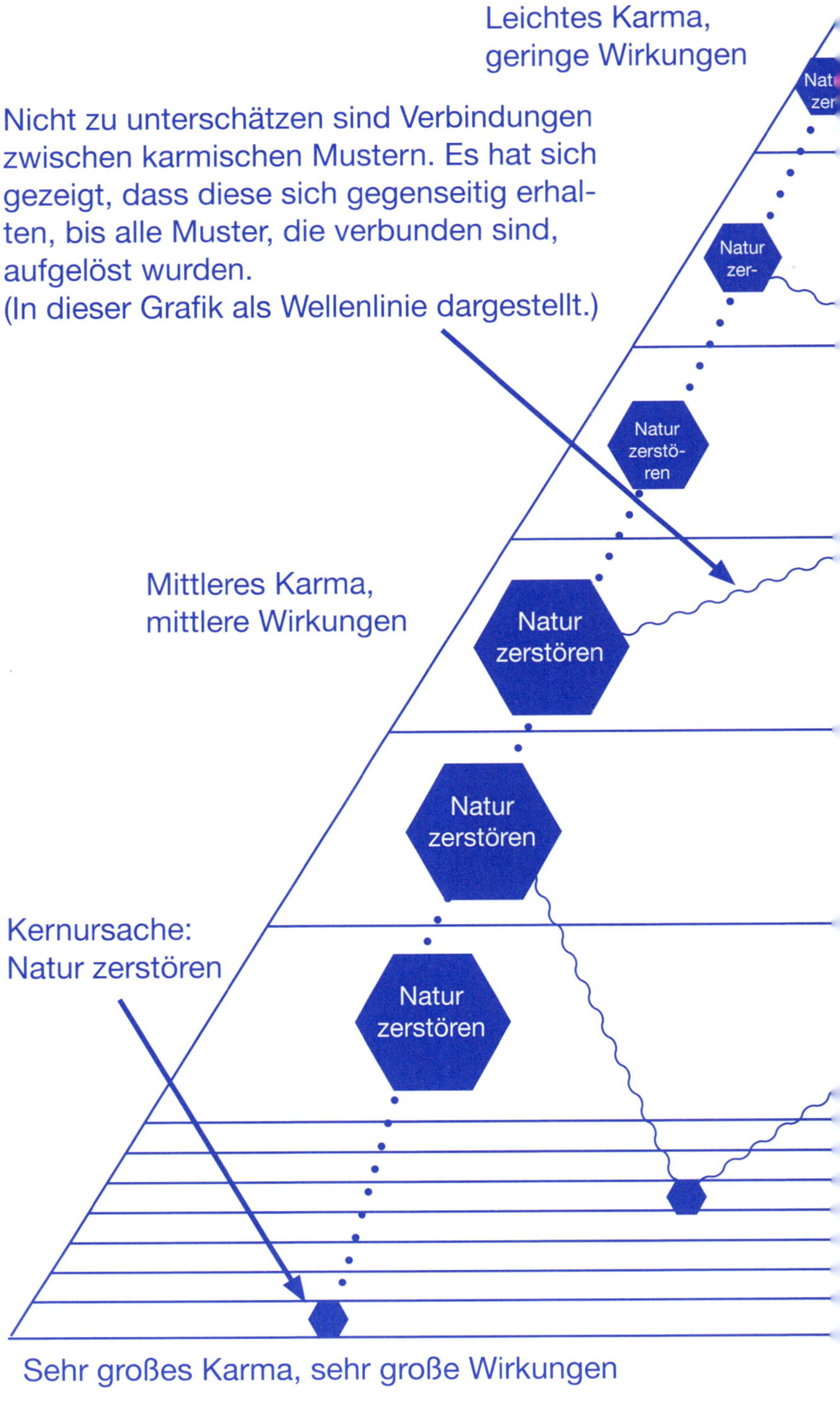
Leichtes Karma,
geringe Wirkungen
Nicht zu unterschätzen sind Verbindungen zwischen karmischen Mustern. Es hat sich gezeigt, dass diese sich gegenseitig erhalten, bis alle Muster, die verbunden sind, aufgelöst wurden.
(In dieser Grafik als Wellenlinie dargestellt.)
Natur
zer-
Natur
zerstö-
ren
Mittleres Karma,
mittlere Wirkungen
Natur
zerstören
Natur
zerstören
Kernursache:
Natur zerstören
Natur
zerstören
Sehr großes Karma, sehr große Wirkungen

Die verschiedenen Formen stehen für verschiedene karmische Ursachen. Je öfter die gleichen missqualifizierten Ursachen gelegt wurden, desto tiefer geht das Karma nach unten, wird also größer und umfangreicher und wird zum karmischen Muster bis hin zu einer Kernursache.

Je tiefer ein karmisches Muster hinabreicht, desto umfangreicher und langwieriger gestaltet sich deren Auflösung.

Bitte bedenke, dass dies nur der zweidimensionale Versuch ist, ein mehrdimensionales geistiges Prinzip darzustellen.

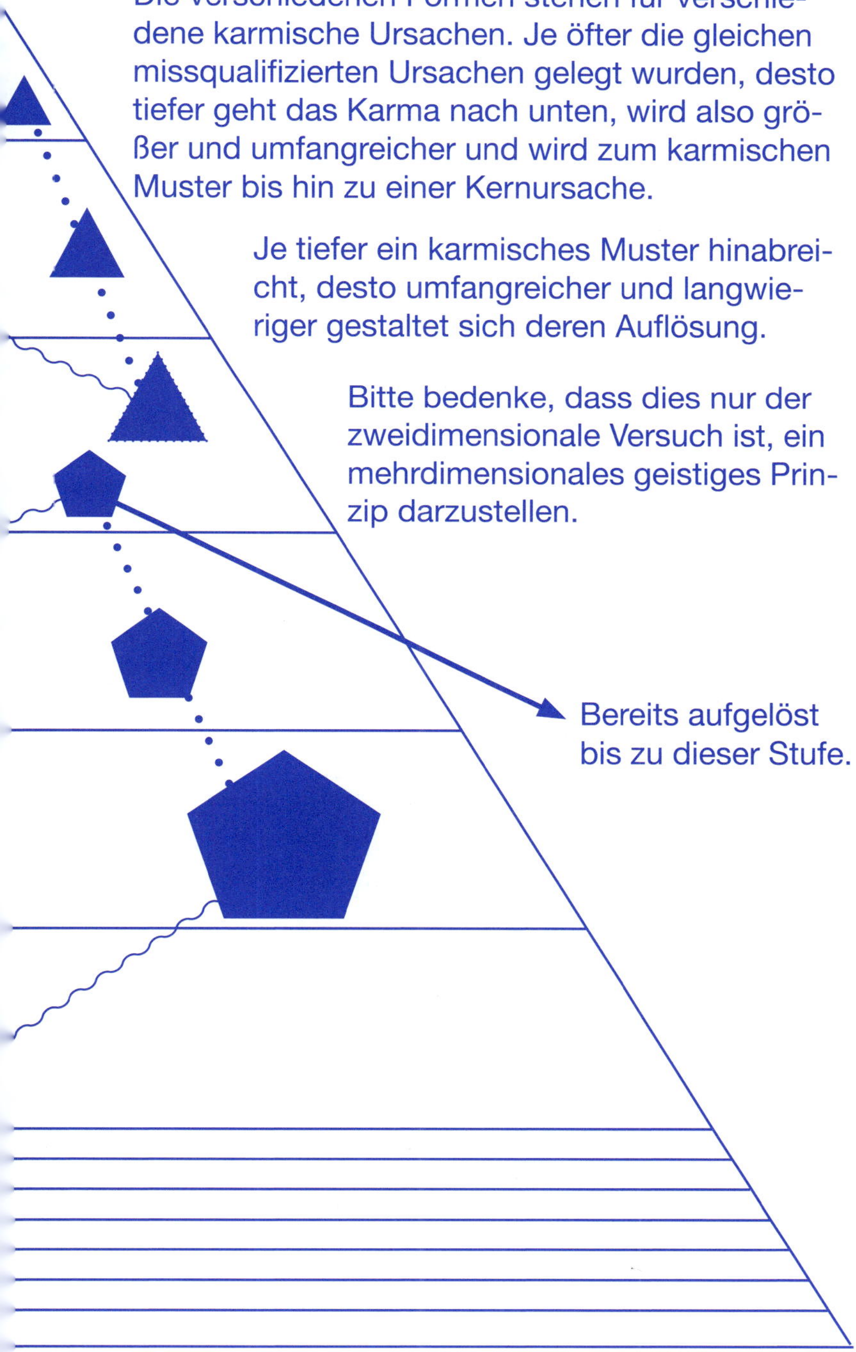

über viele Inkarnationen hinziehen, je nachdem, auf welcher Stufe das karmische Muster gelagert war. Es wurde von oben nach unten aufgebaut und muss wieder von oben nach unten wiedergutgemacht werden. Leider kann man nicht umgekehrt arbeiten, man kommt erst an die Kernursache energetisch heran, wenn alle Stufen, die dazu geführt haben, erlöst wurden.
Die Pyramide hat 7 x 7 Stufen, jede der großen Stufen ist in 7 kleinere Stufen unterteilt, es ergeben sich also insgesamt 49 Stufen. Das ganze System ermöglicht eine differenzierte Möglichkeit der Ablage und Bearbeitung.
Ein Karma, welches auf der ersten großen Stufe gelagert ist, kann vielleicht durch eine einzige gute Tat wieder gutgemacht werden. Ein Mensch stürzt eine Treppe hinunter und du hast die Möglichkeit, erste Hilfe zu leisten und den Krankenwagen zu rufen. Wenn sich dir diese Gelegenheit bietet, ergreife sie, leichter kannst du dein Karma nicht erlösen als durch gute Taten. So bringt dich dein Leben von einer Situation in die nächste mit dem großen Ziel, irgendwann alles Karma erlöst, also alles wiedergutgemacht zu haben.

Natürlich gibt es auch eine Pyramide, in der das gute Karma gespeichert wird. Alle deine guten Taten sind dort genauso angehäuft und abgelegt wie in der Pyramide mit dem dunklen Karma, das zu unliebsamen Wirkungen führt. Beides wirkt auf dein Leben und beeinflusst sich gegenseitig und kann sich auch aufheben. Für das Glück, das plötzlich in einem Leben erscheint, suchen wir aber normalerweise nicht nach der Ursache. Wir nehmen es so hin und freuen uns darüber, was auch irgendwie natürlich ist. Jetzt weißt du aber, dass es Glück nicht gibt. Es sind Wirkungen deiner guten Taten, die du als Glück bezeichnest. Die Wirkungen deiner unguten Taten nennst du Unglück.

Diese Pyramide, die ich hier nur zweidimensional darstellen kann, ist in Wahrheit mehrdimensional. Sie beinhaltet also auch gleichzeitig das gute Karma und auch alle mit deinem Karma verbundenen Energien. Alles wirkt gleichzeitig auf dein Leben und bestimmt letztendlich deine aktuelle Lebenssituation.
Ich hatte es zuvor schon einmal erwähnt: Manchmal ist das Karma bereits erlöst, das zu einer Problematik führt und trotzdem verschwindet diese nicht gleich. Das liegt dann an den Energien, denen wir oft zu wenig Bedeutung beimessen. Sie müssen manchmal noch einmal separat erlöst werden.

***Geliebte, allmächtige ICH BIN Gegenwart,
bitte befreie mich von allen Energien, die noch
in meinem äußeren Selbst festhängen, deren
Karma aber schon erlöst ist.
Danke.***

Von Zeit zu Zeit, gerade dann, wenn man viel Auflösungsarbeit macht, ist es ratsam, diese Affirmation mehrmals zu sprechen.

Um ein wenig mehr Einsicht in diese Karmapyramide zu vermitteln, kann ich berichten, dass bei mir nur eine einzige Kernursache auf der tiefsten Stufe, also Stufe 49, abgelegt war.
Der Grundstein für diese Kernursache auf Stufe 49 legte ich vor 18 Millionen Jahren. Ihre Wirkung bestimmte, ja, ich könnte fast sagen, beherrschte mein ganzes bisheriges Leben bis zu meinem 50. Lebensjahr, wo es dann endlich komplett erlöst werden durfte.
Man erkennt an diesem Beispiel, wie lange wir hier schon auf dem Planeten Erde unterwegs sind und wie alt und tief manch ein Problem gelagert sein kann. Trotzdem soll das niemanden entmutigen. Jeder Mensch wird so an seine Themen herangeführt, wie es für ihn gut und richtig ist und nur so, dass er auch die Möglichkeit der Erlösung dieser Themen hat.

Das Geheimnis, wie Heilung funktioniert

Als ich ein kleiner Junge war, ich müsste so um die 5 Jahre gewesen sein, schlief ich oft bei meiner Oma und meinem Stiefopa. Ich erinnere mich gut daran, dass ich oft sehr heftige Alpträume von Feuer und brennenden Häusern hatte. Ich hatte dann viel Angst und war sehr verstört. Ich durfte dann ins große Bett und mein Opa hat mir die Hand auf den Bauch gelegt. Rasch waren meine Ängste verschwunden und ich bin wieder eingeschlafen.

Er wusste sicher nichts von Heilenergien und so viel ich mich erinnere, war er nicht gläubig. Trotzdem half sein Handauflegen. Es half deshalb, weil er mich lieb hatte und mir aus reiner Absicht, also ohne Hintergedanken oder Bedingungen, helfen wollte.

Als ich begann, mich mit spirituellen Themen zu befassen, erzählte mir meine Mutter von einer Frau im Dorf, die schon lange gestorben war, aber zu Lebzeiten zu den Menschen mit Krankheiten gerufen wurde, um diese zu besprechen.

Erst wusste ich nicht genau, was das sein sollte, fand dann aber heraus, dass diese Frau wohl schlicht für den kranken Menschen gebetet hatte.

Das Thema hat mich immer wieder beschäftigt, ich wollte erfahren, wodurch diese Frau Heilerfolge erzielen konnte. War es nur durch das Beten?

Mein Geistführer hat mir die Zusammenhänge dann irgendwann einmal übermittelt.

Auch diese Frau handelte in reiner Absicht aus

liebendem Herzen und hatte eine große Portion Mitgefühl für alle Menschen übrig. In ihren Gebeten bat sie Mutter Maria, Jesus und Gott um Hilfe für den kranken Menschen.
Solche Menschen, die andere so behandeln, gibt es überall auf der Welt.
Sie haben keinerlei Heilerausbildung und die wenigsten von ihnen haben ein tieferes Wissen über die geistige Ebene. Trotzdem erzielen sie Heilerfolge, von denen andere mit vielen Ausbildungen nur träumen.
Sie kennen das Geheimnis, sie wissen, dass sie nicht heilen, und beanspruchen das auch nicht für sich selbst. Sie haben sich das in früheren Inkarnationen bereits zu Eigen gemacht und schöpfen jetzt aus diesem tiefen inneren Wissen.

ICH BIN
die alleinige heilende Gegenwart,
unbegrenzt bin ich Gegenwart!

Das ist das große Geheimnis!
Wobei es eigentlich schon mindestens 2000 Jahre bekannt sein müsste, denn bereits Jesus sprach diese Worte. Aber wie so oft wurde er auch hier missverstanden.
Diese Affirmation ist die grundlegende Wahrheit jeglicher Heilung. Sie besagt, dass nur die Gegenwart Gottes die Macht und die Kraft hat, zu heilen. Sie besagt aber auch, dass wir ja selbst diese Gegenwart in uns haben. Sie besagt, dass wir sie

unbegrenzt in uns haben können. Jesus hatte sie unbegrenzt in sich, er hat uns demonstriert, was damit möglich ist.
Er war voll bewusst und rein, also ohne karmische Verstrickungen. Er weiß, er ist in Gott und Gott ist in ihm.
Niemand sollte von sich behaupten, er sei Heiler. Jeder, der eine Heilung vollbringen kann, ist ein Heilmedium. Das heißt, die Heilung fließt durch ihn durch, weil es allein die Gegenwart Gottes ist, die heilen kann.
Seine Gegenwart, das ***ICH BIN***, ist in uns und nur diese Gegenwart kann heilen.
Wer dies begriffen hat, bewusst oder unbewusst und intuitiv, der kann mit seinem äußeren Selbst als Übermittler der Kraft des ***ICH BIN*** wirklich Heilung vollbringen.

ICH BIN
die alleinige heilende Gegenwart,
unbegrenzt bin ich Gegenwart!

Diese Affirmation kann jeder sprechen, ob er sich selbst oder andere dadurch heilen möchte. In liebevoller reiner Absicht sich selbst gegenüber oder einem anderen Menschen gegenüber gesprochen, kann jeder Mensch zu diesem Wunder werden, das uns Jesus vorgelebt hat.

Ich glaube, dass ich dir mit dem Inhalt dieses Buches genügend Informationen geliefert habe, über die

es sich nachzusinnen lohnt. Der beste Weg, dem ***ICH BIN*** näher zu kommen, ist es, täglich eine Reihe von Affirmationen zu sprechen. Bitte stelle dir eine Liste zusammen, so, wie du sie derzeit benötigst. Umso regelmäßiger und länger du diese Affirmationen sprichst, umso mehr wirst du ihre Bedeutung verstehen, umso mehr werden sie sich bei dir verinnerlichen und das Resultat wird sich in der Materie zeigen.
Jede einzelne Affirmation kann sich grundsätzlich sofort manifestieren, für dich in der Materie erscheinen. Die drei wichtigsten Faktoren dabei sind dein Glaube, dein Vertrauen in deine eigene Macht und das Wissen zusammen mit dem Gefühl, dass du würdig genug bist, die reiche Fülle Gottes zu empfangen!

ICH BIN froh, dass du dieses Buch gelesen hast. Danke!

*ICH BIN der Glaube
an die allmächtige Macht des Einen
und seiner Gegenwart in mir, dem ICH BIN.*

*ICH BIN würdig,
die reiche Fülle Gottes
und alle gute Dinge des Universum
zu empfangen und ich nehme sie dankbar an!*

*ICH BIN
die Kraft und die Macht,
die alle ICH BIN Affirmationen für mich
Wirklichkeit werden lässt!*

Leichtigkeit und Lebensfreude

Wir können die Herausforderungen des Lebens leichter bewältigen, wenn wir uns der Lasten entledigen, die wir mit uns herumtragen. Viele dieser Belastungen haben wir von unseren Ahnen übernommen, andere haben wir uns aufladen lassen oder haben sie, um einem Menschen zu helfen, ihm einfach abgenommen. Die Engel stehen bereit, um dir diese Lasten bewusst zu machen und wenn du bereit bist, dir auch abzunehmen. Ein Engel der Leichtigkeit begleitet dich dabei. Die Lebensfreude ist vielen von uns irgendwann verloren gegangen, oft, weil wir den „Ernst des Lebens“ zu wörtlich genommen haben. Meist haben wir unser inneres Kind vernachlässigt oder gar von uns abgetrennt. Dieses holst du gemeinsam, mit dem Engel der Lebensfreude, ab. Dann lernt ihr, wie man sich einfach freuen kann. Danach fällt es dir leichter, die Lebensfreude in deinem Alltag zuzulassen, um dadurch in deinem Leben einen großen Wandel herbeizuführen.
Wiederhole diese Meditation beliebig oft, alleine oder in Gruppen, sie bringt dich immer wieder zu Leichtigkeit und Lebensfreude.

1 Audio CD - Gesamtspielzeit ca. 40 Minuten
ISBN: 978-3-940930-05-7

Musik mit freundlicher Genehmigung von sayama - Richard Hiebinger (www.sayama.de)
GEMA-freie CD

Klarheit und innerer Frieden

Wenn wir uns über unsere eigene Situation oder unseren Lebensweg im Unklaren sind, erzeugt das ein stetig wiederkehrendes, ungutes Gefühl in unserem Solarplexus Chakra, also in unserem Bauchraum. Dieses Gefühl breitet sich aus und führt letztendlich zu Niedergeschlagenheit, Lustlosigkeit und Depression. Diese Meditation hilft dir, Klarheit und Erkenntnis zu erlangen, um dadurch deinen inneren Frieden zu finden. Dabei helfen dir ein Engel der Klarheit und ein Engel des Friedens. Unterwegs triffst du deinen Geistführer bzw. deine Geistführerin. Außerdem begleitet dich auf der gesamten Reise dein Krafttier. Als treuer Begleiter weist es dir den Weg auf dieser Reise. Wiederhole diese Meditation beliebig oft, alleine oder in Gruppen, sie bringt dich immer wieder zu Klarheit und innerem Frieden.

1 Audio CD - Gesamtspielzeit ca. 40 Minuten
ISBN: 978-3-940930-04-0

Musik mit freundlicher Genehmigung von sayama - Richard Hiebinger (www.sayama.de)
GEMA-freie CD

Hoffnung und Vertrauen

Die Hoffnung ist die stärkste Antriebskraft im Menschen. Sie hält den inneren Motor am Laufen und befähigt Menschen dazu, lange in schier ausweglosen Situationen durchzuhalten. Dies können wir täglich beobachten, sei es bei Krankheiten, bei Schicksalsschlägen oder in schwierigen Situationen. Die Hoffnung lässt den Menschen durchhalten. Wäre der Mensch sich bewusst, dass er der Schöpfer seiner eigenen Realität ist, und dass der Funke Gottes in ihm leuchtet, es würde ihn auf der Stelle befähigen, jede noch so schwierige Situation in vollem Gottvertrauen zu meistern. Hoffnung sollte nicht aus Illusionen auf eine „bessere Welt" entstehen. Hoffnung sollte entstehen, aus dem Wissen heraus, dass Gott selbst durch jeden Menschen wirkt. Wer sich dessen bewusst ist, der kann das natürlich zu seinem Wohle einsetzen. Vertrauen erwächst aus dem tiefen Glauben an dieses „Gott selbst" in jedem Menschen, dem sogenannten „ICH BIN". Das bedeutet, dass Gott selbst in uns tätig ist und wir diese Tätigkeit bewusst in Gang setzen können. Dazu bedarf es nichts weiter als tiefes Vertrauen und die Worte „ICH BIN". In dieser Meditation findest du Hoffnung und Vertrauen in dein eigenes Gott-Selbst, also in dich! Damit kannst du jede Situation in deinem Leben annehmen und meistern. Wiederhole diese Meditation beliebig oft, alleine oder in Gruppen, sie stärkt deine Hoffnung und dein Vertrauen in dein Ich Bin, in dein göttliches Selbst!

1 Audio CD - Gesamtspielzeit ca. 40 Minuten
ISBN: 978-3-940930-06-4

Musik mit freundlicher Genehmigung von sayama - Richard Hiebinger (www.sayama.de) - GEMA-freie CD

Heilung auf dem Berg Gottes

In dieser geführten Meditation wirst du über einen langsamen Aufstieg auf den Berg Gottes geführt. Nach und nach fühlst du dich dabei leichter und leichter, bis du schließlich das weiße Licht erkennen und spüren kannst.
Auf dem Berg angekommen, empfängt dich ein lieber Freund, der dir die drei Seen der Heilung zeigt. Im ersten See werden alle deine Blockaden und Krankheiten aufgelöst. Im zweiten See werden alle Stellen deines Körpers, die es nötig haben, mit grüner Heilenergie geflutet. Im dritten See werden dann alle deine feinstofflichen Körper- und Energiezentren gereinigt und mit neuer Energie versorgt.
In dieser wunderbaren Meditation, empfangen und gesprochen von Stefan Sicurella, hast du die Möglichkeit, heil zu werden, deine Schwingung anzuheben und auf eine ganz neue Art und Weise in Verbindung mit dem Licht Gottes zu kommen.

1 Audio CD - Gesamtspielzeit ca. 40 Minuten
ISBN: 978-3-940930-69-9

Musik mit freundlicher Genehmigung von sayama - Richard Hiebinger (www.sayama.de)
GEMA-freie CD

ICH BIN die Gegenwart Gottes in jedem Menschenherzen

Entdecke die Göttlichkeit in dir

Wenn du bisher dachtest, Gott sei weit weg von dir, irgendwo da draußen, dann wird dir diese geführte Meditation eine neue Erkenntnis bringen. Gott war immer und wird immer in deinem Herzen gegenwärtig sein. In dieser Meditation tauchst du tief in dein Inneres, um dort die kleine Flamme der Gott-Gegenwart zu finden und sie zum Auflodern zu bringen.
Einmal entdeckt und bewusst gespürt, wirst du dich immer daran erinnern und wissen, dass Gott immer bei dir ist und dich bedingungslos liebt als das, was du bist: ein geliebtes Kind Gottes!

1 Audio CD - Gesamtspielzeit ca. 40 Minuten
ISBN: 978-3-940930-10-1

Musik mit freundlicher Genehmigung von sayama - Richard Hiebinger (www.sayama.de)
GEMA-freie CD